山东省自然科学基金资助项目（编号：ZR2022QF139）

经管文库 · 管理类

前沿 · 学术 · 经典

智慧物流仓储系统设计与运行策略优化研究

RESEARCH ON INTELLIGENT LOGISTICS WAREHOUSING SYSTEM DESIGN AND OPERATION STRATEGY OPTIMIZATION

杨 栋 著

图书在版编目（CIP）数据

智慧物流仓储系统设计与运行策略优化研究/杨栋著.—北京：经济管理出版社，2023.6

ISBN 978-7-5096-9095-6

Ⅰ.①智…　Ⅱ.①杨…　Ⅲ.①智能技术—应用—物流—仓库管理—管理信息系统—系统设计—研究　Ⅳ.①F253-39

中国国家版本馆 CIP 数据核字(2023)第 110785 号

组稿编辑：赵天宇
责任编辑：赵天宇
责任印制：黄章平
责任校对：蔡晓臻

出版发行：经济管理出版社
（北京市海淀区北蜂窝 8 号中雅大厦 A 座 11 层　100038）
网　　址：www. E-mp. com. cn
电　　话：（010）51915602
印　　刷：唐山昊达印刷有限公司
经　　销：新华书店
开　　本：720mm×1000mm/16
印　　张：14. 25
字　　数：201 千字
版　　次：2023 年 6 月第 1 版　　2023 年 6 月第 1 次印刷
书　　号：ISBN 978-7-5096-9095-6
定　　价：98. 00 元

前　言

在经济和科技高速发展的今天，新的科学技术手段不断涌现，无论是传统的生产制造业还是新兴的互联网企业都面临着巨大的机遇和挑战。在物流领域，5G、大数据、云计算、物联网、机器人等新一代信息技术迅猛发展，推动了物流行业向数字化、智慧化的方向迅速转型升级。仓储系统作为企业和客户之间直接的中转中心，很大程度上影响着客户的满意度，必然要求仓储系统能够具有较高的运行效率。穿梭机器人仓储系统作为一类新型的智慧物流仓储系统，相较于传统的自动化仓储系统，因其更高的仓库利用率、更高的吞吐能力以及更好的柔性，已经被大规模地应用到了行业中，所以本书选取穿梭机器人仓储系统作为研究对象，对智慧物流仓储系统设计与运行策略优化进行研究。

为了满足企业的需求，设计人员在设计初期要尽可能地对物流仓储系统的设计方案进行完善，设计最匹配企业需求的智慧物流仓储系统。若设计完成后，再对系统进行改造，会投入过多的成本，造成不必要的损失。在实际应用中，仓库大小往往是受到限制的，要充分考虑实地情况以及客户对吞吐能力和成本的要求，对系统结构、系统的设备配置进行设计优化。对于已经建好的物流仓储系统，为了提高订单任务拣选的效率，可以从货位的指派、订单的处理、任务的分配调度、路径的优化和存储策略等方面对系统的运行策略进行优化。

本书以“系统类型的选择—系统的合理配置—系统运行策略优化”的系统设计思路为主要研究路线，运用启发式算法、改进智能优化算法、排队网络模型等方法对穿梭机器人智慧物流仓储系统的设计与优化问题进行研究，主要内容如下：

（1）穿梭机器人智慧物流仓储系统的适配选型问题。本书选取了单层穿梭机器人仓储系统、跨层穿梭机器人仓储系统和跨层跨巷道穿梭机器人仓储系统作为研究对象，首先对三种系统的布局和作业流程进行了介绍。其次分析了系统中穿梭机器人和提升机的作业时间，构建了系统中穿梭机器人和提升机的作业时间函数，建立了以系统成本最小为目标的优化模型，设计了相应的启发式求解算法，通过实例和实验验证了算法的有效性。最后通过进一步的灵敏度分析得出了在不同货位数和吞吐能力要求下，不同的系统选型方案以及系统总成本和单位成本与系统选型方案之间的关系。

（2）带转载的穿梭机器人智慧物流仓储系统中的设备最优配置问题。带转载的穿梭机器人仓储系统依靠转载穿梭机器人实现周转箱的跨巷道作业，柔性化程度较高。本书介绍了带转载穿梭机器人的仓储系统布局以及作业流程。然后对带转载穿梭机器人仓储系统中的转载穿梭机器人、巷道穿梭机器人和提升机进行了作业时间分析，建立了系统总成本最小和系统吞吐能力最大为目标的多目标优化模型，提出了基于初始粒子群优化的改进粒子群算法，通过实验对比未改进的粒子群算法，得出了改进粒子群无论在收敛速度上以及结果准确性上都具有优势的结论。通过进一步的灵敏度分析得出了在不同的货位数量要求下，详细的最优系统配置方案以及系统吞吐能力和存储容量与系统成本之间的关系。通过此方法可以在控制最小成本的情况下，为设计规划人员设计更加合理的系统提供指导。

（3）跨巷道穿梭机器人智慧物流仓储的路径优化问题和系统结构优化问题。在跨巷道穿梭机器人仓储系统中，穿梭机器人可以通过横向导轨实现跨巷道作业，柔性化程度更高。首先对跨巷道穿梭机器人仓储系统中穿梭机器人的作业路径和时间分析，发现在考虑穿梭机器人加速和减速的情况下，由于路径中节点数量不同导致距离最短路径不一定是时间最短路径，从而对迪杰斯特拉算法（Dijkstra）进行改进，并验证了其有效性。其次在考虑了穿梭机器人路径优化的前提下，对该跨巷道穿梭机器人仓储系统建立了半开环排队网络绩效评估模型，设计了基于 AMVA 的求解算法，通过实验验证了模型的准确性和算法的有效性。最后通过灵敏度分析实验得到了以下结论：第一，在层数一样，巷道数和列数相差最小的情况下，系统的吞吐能力最大。第二，存在使系统吞吐能力最大的最优层数。

（4）跨层跨巷道穿梭机器人智慧物流仓储系统的存储策略优化问题。跨层跨巷道穿梭车机器人系统中穿梭机器人不仅可以实现跨巷道的作业，也可以实现跨层作业，其柔性化程度最高。在系统存储策略的相关研究中，学者通常假设系统的存储方式为随机存储方式，本书提出了三种不同的基于周转率的分类存储策略（水平方向分区、垂直方向分区和水平与垂直方向综合分区）。首先对系统的布局和作业流程进行了介绍；其次对这三种不同存储策略方式下，系统中穿梭机器人和提升机进行了作业时间分析，建立了半开环排队网络绩效评估模型，设计了基于MVA的求解算法，通过实验验证了算法的有效性。最后通过灵敏度分析得出了以下结论：第一，在相同的系统结构及货位总数的条件下，A区的占比越高，运用分区存储策略的效果越差，A区的占比越低，运用分区存储策略的效果越好，其中综合分区策略最优的结论。第二，当A区的拣选概率较高的时候，综合分区策略的效果要好于其他分区策略和无分区的情况，当A区的拣选概率较低的时候，水平方向上的分区存储策略效果最好。

我国智慧物流正处于快速发展时期，各种新技术层出不穷、快速更迭。由于笔者水平有限，难免挂一漏万，不妥之处在所难免，敬请读者批评指正。此外，在本书编写过程中，笔者博士生期间的导师山东大学吴耀华教授提出了许多修改建议，在此致以衷心的感谢！

2023年5月

目　录

第一章

绪论

第一节 智慧仓储

一、智慧物流与智慧仓储

21 世纪是一个经济快速发展的时代，也是一个科技快速发展的时代。新的科学技术手段不断涌现，例如，5G 的问世、量子计算机“九章”的问世等，无一不在改变着社会，改变着行业，改变着人类。在物流领域，5G、大数据、云计算、物联网、机器人等新一代信息技术迅猛发展，推动了物流行业向数字化、智慧化的方向迅速转型升级。

智慧物流，是将物流过程中的各种信息数据进行数字化处理，利用现代技术对物流过程进行管理和优化，运用人工智能、大数据、物联网、云计算等现代信息技术，将传感器、智能设备和云平台相互连接，实现物流过程的智能化、自动化，进一步了提高效率、准确性和可靠性，同时也降低了物流成本，还提高了物流服务水平，从而更好地满足消费者个性化需求和提供更好的客户体验。

仓储作为物流的重要职能之一，智慧仓储将数字化、智能化技术手段运用到仓储作业环节中，为仓储作业环节提供了更好的管理和运营支持，实现了高效、智能、可持续的仓储运营，提高了客户服务质量和满意度。

二、智慧仓储技术

在物流仓储领域，越来越多的先进的现代物流技术被应用到行业当中，如自动引导小车技术（Automated Guided Vehicle，AGV）、穿梭机器人技术（Shuttle-Based Storage and Retrieval System，SBS/RS）、无人机技术（Unmanned Aerial Vehicle/Drones，UAV）等，极大地提高了物流搬运、配送、存储、拣选等环节的作业效率。在面向终端客户的区域配送中心中，储存、拣选和配送是配送中心作业体系中的主要环节，而其中拣选作业环节至关重要，拣选作业环节不仅在人工拣选的配送中心中会消耗大量的人力[1]；而且在自动化拣选的配送中心中，自动化拣选设备的成本投入也占了绝大部分[2]。

根据货物的存储单元，拣选的对象主要可以分为整托拣选（Pallet Picking）、整箱拣选（Case Picking or Carton Picking）和拆零拣选（Piece-Picking or Broken-case Picking）。针对这三种拣选对象的人工拣选的相关问题，Barthold 和 Hackmanst（2008）[3] 做出了系统性的研究。最早出现的自动化立体仓库（Automatic Storage and Rerievel System，AS/RS）主要是利用堆垛机系统实现对整托和整箱货物的自动化拣选。如图 1-1 所示，自动化立体仓库一般指的是由高层立体货架、堆垛机、控制系统、仓储管理系统等组成[4]，高层立体货架可以充分利用仓库的面积大小，使货架可以存储更多的货物，在巷道中设置堆垛机（S/R crane）来运输整托或者整箱的货物，进而实现货物的出入库作业。

图 1-1　自动化立体仓库

资料来源：兰剑智能科技有限公司网站，https：//www. bluesswords. com/cold-chain。

自动化仓库的起源可以追溯到 20 世纪 60 年代初期，当时在美国建立了第一个自动化立体仓库。随后，20 世纪 60 年代中期，日本开始研发自动化立体仓库，其快速发展并投入使用。1973 年，我国的第一个自动化立体仓库研发成功，于 20 世纪 80 年代逐步应用到行业中。目前，自动化立体仓库已经在我国的各行各业得到广泛应用，并取得了显著的效果。

随着互联网的飞速发展，各类 B2C、C2C 的电商平台迅速崛起，越来越多的生产商为了降低成本，减少中间环节，直接面对消费者。企业的客户需求从大批量的整箱、整托订单逐渐转变为多品种、小批量、多批次的拆零拣选订单。这类订单还要求有较高的时效性，那么企业想要在激烈的市场竞争中脱颖而出，就要大力提高物流配送中心的服务能力这一核心竞争力[5]，而拣选作业环节作为配送中心的重要环节，提高效率成为关键性的问题。而主要面向整托和整箱货物的传统 AS/RS 系统已经无法满足这一需求，那么就需要新的拆零拣选技术来提高拣选效率。

2003 年，美国的移动机器人公司 Kiva systems 研发了可以进行拆零拣选的 Kiva 机器人，Kiva 机器人可以将存储货架运往拣货台，然后由拣货人员进行拣货，实现了“货到人”，极大地提高了拣选的效率[6]。2012 年，亚马逊（Amazon）作为全球最大的电子商务公司耗费巨资收购了 Kiva systems 公司，然后将 Kiva 机器人应用到了各个区域物流配送中心[7-8]。与 Kiva 机器人类似，越来越多的先进的拆零拣选技术应用到了实际作业当中，如机器人移动履行系统（Robotic Mobile Fulfillment System，RMFS）、订单拣选系统（Order Picking System，OPS）、网格式存取系统（Puzzle-Based Storage and Retrieval System，PBS/RS）和穿梭机器人仓储系统（Shuttle-Based Storage and Retrieval System，SBS/RS）。这些系统都是在密集存储货架中，通过多个自动小车来实现货物的存储和拣选作业，不仅提高了仓库使用率，也提高了拣选效率。

以本书研究的穿梭机器人仓储系统为例，新的智慧物流技术的自动拣选系统较传统的 AS/RS 系统和普通人工拣选作业具有如下优势：

第一，更高的仓库利用率。穿梭机器人仓储系统采用的高层立体货架，巷道的宽度较小，并且每个巷道还可以设置不同的深位，可以极大地利用仓库的面积来设计立体货架的尺寸。

第二，更强的吞吐能力。在系统中，可以设置多个提升机和多个穿梭机器人进行相互配合作业，来提高订单任务的处理能力，并且随着技术的进步，提升机和穿梭机器人的最大速度都能达到 3 米/二次方秒的运行速度，极大地增强了系统的吞吐能力。

第三，更好的柔性。针对不同客户对吞吐能力以及存储货位数量的不同要求，可以通过增多或者减少提升机和穿梭机器人的数量来提高或者降低系统的最大吞吐能力，因此具有更高的柔性。

穿梭机器人仓储系统因其诸多优势，已经被广泛地应用到了各行各业中，不乏全球的知名企业，如京东、天猫、唯品会、盒马鲜生、宝洁等。因此，对穿梭机器人仓储系统的研究对该类系统能够更好地应用到行业中有着重要的理论与实践意义。

第二节　穿梭机器人物流仓储系统介绍

在客户至上的今天，为了满足客户的需求，拣选订单处理的时效性越来越重要，那么就对自动化拣选系统的作业效率要求日益提高，穿梭机器人仓储系统因为其高吞吐能力，高柔性、高利用率的特点被企业所采用。

穿梭机器人仓储系统作为本书的研究对象，其业务流程如图 1-2 所示，任务下发后，穿梭机器人负责待出入库作业的货物水平方向上的移动，提升机负责出入库作业的货物垂直方向上的移动，货物运送到一层后沿着输送线，运送到拣货台，通过拣货人员完成拣货后进行打包然后运送到出库站台，准备出库装车，最后装车进行配送。企业在采用穿梭机器人仓储系统设备的时候，不仅要满足自身吞吐能力的大小，也要考虑成本问题。所以在穿梭机器人仓储系统设计初期，就要考虑如何在满足客户对吞吐能力需求的前提下，既要实现系统的最大吞吐能力，提高企业的作业效率赢得客户的满意，又要通过合理的设计来降低企业的投入成本。

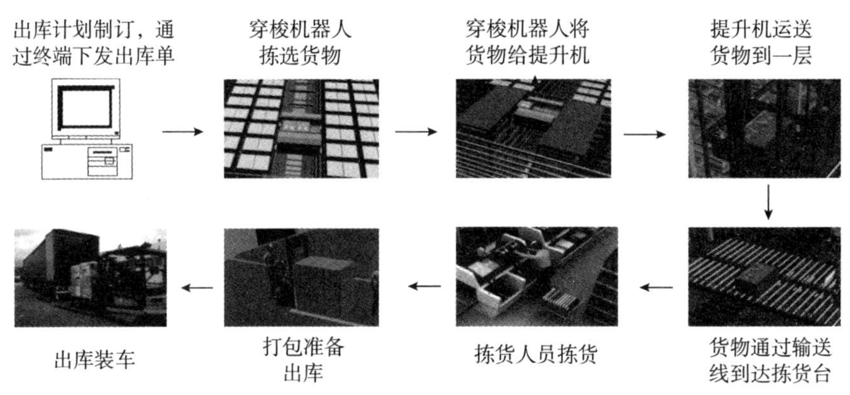

图 1-2　穿梭机器人仓储系统业务流程

资料来源：笔者整理、绘制。

为了满足企业的需求，在设计初期要尽可能地对设计方案进行完善，选取最适应企业需求的穿梭机器人仓储系统，如果设计完成后，再对系统进行改造，会投入过多的成本，造成企业的损失。所以要充分考虑实际情况，场地的大小往往是受到限制的，那么就需要设置合理数量的穿梭机器人、提升机和拣货作业站台来满足客户对吞吐能力大小的要求，并且同时也要考虑客户的成本，从而为企业设计最合适的穿梭机器人仓储系统。对于已经建好的穿梭机器人仓储系统，为了提高订单任务拣选的效率，可以从货物指派、订单的处理、任务的分配调度、路径的优化以及系统的调度等方面通过建模、启发式方法、人工智能和大数据等这些方法进行优化。

本书主要从三个方面、四个问题进行研究。第一个方面从系统整体设计角度出发，来进行不同穿梭机器人仓储系统的选型。第二个方面随着系统的柔性化特征不断递进的特点，选取代表性的转载穿梭机器人仓储系统、跨巷道的穿梭机器人仓储系统和跨层跨巷道的穿梭机器人仓储系统进行研究。第三个方面从采用不同的策略对穿梭机器人仓储系统进行优化。第一个问题是从系统设计角度出发，在考虑企业系统吞吐量的需求前提下，选取最合适的既能满足客户需求的货物存储容量和系统吞吐能力，又能降低企业成本的最佳方案。第二个问题是针对带转载的穿梭机器人仓储系统，通过改进粒子群算法研究了使系统成本最小且吞吐能力最大的系统合理配置问题。第三个问题是针对跨巷道的穿梭机器人，通过改进的迪杰斯特拉（Dijkstra）算法对穿梭机器人的路径进行优化，然后在考虑穿梭机器人最优路径的情况下，研究穿梭机器人仓储系统的性能。第四个问题是从存储策略的角度，研究在跨层跨巷道的穿梭机器人仓储系统中，不同的存储策略对系统吞吐能力的影响。

第三节　智慧物流仓储系统研究现状

近年来，智慧物流仓储技术研究已经成为学术领域的热点，本书对现有的研究文献进行梳理，对目前已有的研究成果进行总结，同时也为本书奠定了理论研究基础。

一、结构设计与绩效评估问题研究

自1960年开始产生的带堆垛机的自动化立体仓库系统开创了物流自动化的先河。国内外学者对物流自动化拣选系统设计的研究从最早的自动化立体仓库开始。1984年，Bozer和White[9]作为最早研究自动化立体仓库的学者之一，对单深位AS/RS系统进行了研究，他们计算了单作业指令和随机存储策下堆垛机的作业周期时间。Roodbergen和Vis（2009）[10]对AS/RS系统进行了整体概述，针对系统的配置、行程时间的估计、存储分配、驻留点位置和任务排序等一系列的问题进行了全面的说明。

Gagliardi等（2012）[11]关注了AS/RS系统各个作业环节，对评估系统性能的各模型进行了相关假设，完善了之前关于AS/RS系统的研究，综述了基于动态仿真的系统建模，同时考虑了基于作业时间的稳态模型。

Sari等（2005）[12]针对AS/RS系统开发了一个闭环形式的旅行时间表达式，使用了连续的近似逼近方法对表达式进行了验证，他们发现百分比的误差在11~14是相当合理的，所以可以通过该模型来分析系统的吞吐量。

Hao等（2015）[13]将系统的I/O点放置到了系统的中间位置，然后在考虑随机存储策略的条件下得到，在相同的运行条件下，可以达到更高的吞吐能力，但是这种方式不现实，很难将I/O点放置在系统的中间。

在机器人移动履行系统（RMFS）中，移动机器人通过抬起可移动的货架，将货架运送到拣货台，由拣选人员进行拣货，然后再移动机器人将货架运回仓库中，这样可以使拣选效率提高一倍[14]。

Bozer 和 Aldarondo（2018）[15] 对 RMFS 系统与 miniload 系统进行了仿真，并将两个系统进行了对比，得出了 RMFS 系统性能更优的结论。Yuan 和 Gong（2016）[16] 对系统建立了开环排队网络，重点关注了系统中移动机器人的数量和速度，并对系统的性能进行了评估。

Lamballais 等（2017）[17] 在研究中表明了如何通过合理的分区来提高系统的最大吞吐能力。Zhang 等（2008）[18] 运用机器学习与进化算法的组合方法对 RMFS 系统的仓库布局进行了设计。Wang 等（2020）[19] 通过对 RMFS 系统建立了基于瓶颈的模型和开环排队网络模型，研究了 RMFS 系统设计的基本框架。

沈博闻等（2014）[20]、张丹霞等（2018）[21]、Lee 等（2019）[22]、于赫年等（2020）[23] 通过改进的 A^* 算法对 RMFS 系统中移动机器人进行路径的优化，从而提高系统的性能。Dou 等（2015）[24] 通过改进遗传算法和强化学习对系统中的任务调度和路径问题进行了协同优化。蔺一帅等（2020）[25] 运用改进的协同优化遗传算法对系统中货物的存储货位指派问题与系统中移动机器人的路径规划问题进行了系统优化。

Gue 和 Kim（2007）[26] 根据 Loyd 和 Gardner[27] 在 1959 年开发的一个新的拼图类的益智游戏的基础上，提出了基于网格的存储和拣选的概念。之后，Gue 等（2014）[28] 在基于网格概念的基础上，提出了一种用于存储货物的高密集式的存储系统，称为 GridStore。该系统由方形的输送模块组成，能够在四个水平方向上移动货物。Uludag（2014）[29] 在 GridStore 的基础上，开发自动化拣选系统 GridPick。该系统采用高密度的存储，但是没有固定的通道，只需要开放几个网格点允许机器人在拣选过程中移动即可。

Gue 和 Kim（2007）[26] 提出了一种针对多个开放位置的动态编程方法，采用启发式算法的方法来研究系统的拣选时间。Kota 等（2015）[30] 针对基于网格的自动化拣选系统，在随机分配开放位置的前提下，建立了闭环的表达式，为包含两个以上的机器人的网格式拣选系统提出了启发式的解决方案。Zaerpour 等（2017）[31-32] 假设在每层都有足够多的开放位置，研究了多层的实时多维数据的存储系统；然后又假设在两类不同的存储策略下，研究了系统的作业时间。

Zaerpour 等（2017）[33] 又通过建立混合整数规划模型，假设在随机存储策略下研究了系统最小作业时间的系统的尺寸大小。Taylor 和 Gue（2008）[34] 将开放位置分别做了靠近 I/O 点、沿对角线位置、随机位置这三种假设，研究表明，当开放位置超过 25%时，开放位置在沿对角线上的策略更优。Mirzaei 等（2017）[35] 提出了一种可以同时拣选多个货物的方法，他们运用枚举法列出了两个和三个货物同时拣选的最小拣选时间。Alfieri 等（2012）[36] 研究了小车数量有限的 GridFlow 系统，提出了一种启发式算法，通过优化货架的移动来得到最佳的调度方案。

Malmborg（2002，2003，2003）[37-39] 是第一个对穿梭机器人仓储系统进行分析的学者，他构建了一种状态方程模型来估算系统中穿梭机器人的利用率和作业周期时间，然后强调了 AVS/RS 系统较 AS/RS 系统的优越性，扩展了状态方程模型。

Kuo 等（2007）[40] 与 Fukunari 和 Malmborg（2009）[41] 对系统建立了闭环排队网络来研究系统，在此方法中，将提升机和穿梭机器人构建闭环排队网络，利用 M/G/V（V 台穿梭机器人）模型对任务和穿梭机器人进行建模，利用 G/G/L（L 架提升机）模型对任务和穿梭机器人、提升机进行建模，通过对这两个模型的分析，得到系统的性能指标，但是无法估计任务的等待时间。Fukunari 和 Malmborg（2009）[42] 为了解决这一问题，提出了一种闭环排队网络模型来估算系统中的资源利用率。

Roy 等（2015）[43-44] 对穿梭机器人仓储系统中设备的驻留策略进行了研究，表明最佳的驻留策略为 L/U 策略。并对系统建立了半开环排队网络模型，使用了分解法求解了模型，评估了系统的堵塞效应。

Roy 等（2012）[45] 对单层作业的穿梭机器人仓储系统进行了半开环排队网络建模，并采用了分解法来估计系统的性能。Ekren 和 Heragu（2010）[46] 对系统的货架大小配置进行了基于仿真的回归分析。Marchet 等（2013）[47] 对单层作业的穿梭机器人仓储系统进行了仿真，说明了不同系统尺寸对系统吞吐量大小的影响。

Lether 等（2015）[48] 和 Lether（2016）[49] 分别研究了穿梭机器人仓储系统中单深位和双深位的情况下，系统的运行时间模型，并考虑了设备的加速和减速。张娜（2018）[50] 通过对跨层的穿梭机器人仓储系统的作业流程进行了分析，建立了半开环排队网络模型，采用近似平均值算法以及生灭过程分析求得系统的性能参数，并通过仿真求解了在多种场景下系统的最优配置。

马文凯（2018，2019）[51-52] 针对带转载的穿梭机器人仓储系统，提出了单作业指令下系统分拣效率和订单拣选时间的有效评估方法，与平面作业的 Kiva 系统进行了对比，并提出了带转载的穿梭机器人仓储系统的设计框架，求解了系统的最优配置。曹伟洁（2019）[53] 通过对四向穿梭机器人仓储系统建立半开环排队网络模型，分析了在不同出入库作业达到率的情况下，系统最优的穿梭机器人数量配置。

二、货位指派优化问题研究

在基于ABC分类或者周转率的存储情况下，根据分类规则将存储货位分为几类进行存储，这样可以将周转率高的货物储存在离I/O点较近的位置，从而减少拣选作业时间。

Hausman等（1976）[54] 研究了ABC分类存储的策略和基于EOQ补货策略的周期时间的计算，通过计算确定了ABC分类的最佳边界，在计算中，考虑了在连续补货策略（s，Q）下，库存数量Q等于最佳补货数量。后来，Rosenblatt和Eynan（1989）[55] 在此基础上将存储类别的数量扩大到多种。实际上，Yu等（2015）[56] 指出，对于分类存储策略而言，存储的类别并不是越多越好，最佳的类别数量为3~5种。

de Koster和Yu（2008）[57] 在基于分类存储策略的条件下，确定了系统货架的最佳尺寸，以最大限度地减少货物的拣选时间，发现与随机存储策略相比，ABC分类的存储策略更能节省货物的拣选时间。Yang等（2015）[58] 进一步扩展了de Koster和Yu的研究，考虑了堆垛机的加速和减速，这直接影响了系统的最佳尺寸。

Zaerpour等（2013）[59] 提出了一种共享存储策略的数学模型，该模型可以最大限度地减少系统的拣选时间，使用了构造和改进（C&I）的启发式算法的求解方法，他们的研究结果表明，在大多数的实际情况下，共享存储策略的性能优于随机存储策略，并且作业时间短，吞吐能力更强。

Nigam 等[60] 对 RMFS 系统建立了闭环排队网络模型，在基于周转率存储的策略下，估计了 RMFS 单行订单作业的单位拣选时间。Lamballais 等（2017）[61] 在 Nigam 等研究的基础上推导了在基于周转率存储策略下的 RMFS 系统中单行和多行订单的作业时间表达式，通过建立半开环排队网络模型来估计订单的平均作业时间以及移动机器人和工作站台的利用率。

Weidinger 等（2018）[62]、Xiang 等（2018）[63] 对系统建立了混合整数规划模型，研究了货物在系统中存储货位的指派问题。徐翔斌和马中强（2021）[64] 利用改进的模拟退火方法对货物在系统中的存储货位指派问题进行了研究。

徐贤浩等（2016）[65] 运用统计建模的方法考虑了基于策略的方案研究移动机器人待命位的策略问题。Merschformann 等（2017，2018）[66-67] 分别采用了基于行走策略的研究方法和基于分类策略的存储方法，建立仿真研究了 RMFS 系统中作业调度决策问题。

He 和 Lou（2009）[68] 在考虑系统无死锁状态下，使用了 Petri 网对穿梭机器人仓储系统进行了动态建模。Kuo 等（2008）[69] 对系统建立了闭环排队网络模型，研究了分类存储策略对系统周期时间的影响，得出了基于分类存储策略可以减少垂直方向上运动时间，同时可以保证存储的空间利用率不变。Kumar 等（2014）[70] 对穿梭机器人仓储系统进行了仿真，表明在系统中，垂直方向的合理分区可以使系统的运行周期时间减少 12%。

对于多深位的自动化立体仓库系统，de Koster 等（2008）[71] 指出为了更好地取回一个托盘，在两个相邻的堆垛机之间应该至少空有一个位置。Manzini 等（2016）[72] 对多深位的穿梭机器人仓储系统建立了分析模型，确定了系统在单指令和双指令作业下的运行时间，还研究了系统的最小运营成本，根据需求模式计算出了最佳的巷道数和深位数。

Tappia 等（2016）[73] 针对双深位的穿梭车机器人系统的每个层和提升机建立了半开环排队网络和开环排队网络模型，表明了系统长度和宽度比为 1.25 的时候，系统的吞吐时间最短。

Michael（2020）[74-75] 通过对穿梭机器人仓储系统建立开环排队网络模型，研究了多深位的穿梭机器人仓储系统性能问题，研究表明，随着深位增加到一定值，系统的吞吐量增加，成本降低；之后研究了分类存储策略下系统的性能。

三、订单排序与任务分配调度优化问题研究

订单分批是指为了提高订单拣选效率而把多个订单合并拣选的过程，可以有效降低订单拣选时货架的搬运次数、机器人的行走距离与时间。任务分配调度是将拣选任务按一定方式分配给拣货设备，从而使系统高效地完成任务[76]。

Yu 和 de Koster（2012）[77] 开发了一种启发式算法，对双指令作业下出入库订单的任务进行排序，并比较了五种排序方法。Boysen 和 Stephan（2016）[78] 提出了新的分类方案，来研究 AS/RS 系统中堆垛机的调度问题。

密集式的存储货架有一个缺点就是只能从一侧到达货位的位置。因

此，根据 LIFO 原则取回托盘，或者对其进行多次重新定位以允许访问到正确的货物位置。Stadtler（1996）[79] 对每个货物的拣选时间进行了估算，提出了一种出入库分配计划的方法。建立了混合整数规划模型，并使用禁忌搜索算法进行求解。

吴颖颖等（2016）[80] 通过对订单进行分析，建立了订单排序优化模型，利用 k-means 聚类算法对订单进行了优化。Boysen 等（2017）[81] 对订单任务建立了混合整数规划模型，采用 Cplex 以及仿真的方法对系统订单任务的分批与订单排序以及货架在拣选站台排序的问题进行了综合优化。Zhou 等（2020）[82] 采用平衡启发式的方法对系统建立仿真模型，研究了系统中多机器人作业的任务分配问题。

Zou 等（2018）[83] 对系统建立了半开环排队网络模型并采用 Arena 对模型进行了仿真，评估了移动机器人充电与电池更换策略的问题。Yoshitake 等（2019）[84] 采用了实时全息调度的方法解决了系统中移动机器人的调度问题。

Zhang 等（2009）[85] 根据任务达到的时间具有不固定性，使用一系列的排队近似值，通过动态选择三种不同的近似值来解决等待时间问题，极大地提高了估计等待时间的准确性。

Ekren 等（2013，2014，2011，2010）[86-89] 对跨层作业的穿梭机器人仓储系统建立了半开环排队网络，采用了近似平均值法求解了该模型；随后采用了几何矩阵法，改进了对等待穿梭机器人服务的任务队列中队长的估算。

牟善栋（2014）[90] 针对单层作业的穿梭机器人仓储系统建立了开环排队网络，运用了蚁群聚类算法和非支配排序遗传算法（NSGA-Ⅱ），从货位优化和任务调度的角度对穿梭机器人仓储系统进行了优化研究。

陈国真（2016）[91] 建立了以出库时间最短为目标的跨层作业的穿梭机器人仓储系统的拣选调度模型，并通过进化的遗传算法对车辆调度进行优化，分析了系统中穿梭机器人数量的变化对系统运行效率的影响，从而对系统的配置进行优化。

Roy 等（2014，2016）[92-93] 通过对系统建立半开环排队网络模型研究了穿梭机器人仓储系统中一层内穿梭机器人堵塞的影响，结果表明穿梭机器人的堵塞对系统运行时间的影响比较大，还表明了堵塞随着车辆数量的增多而增加，但是在穿梭机器人利用率较高的系统中，随着穿梭机器人利用率提高，堵塞的影响减少。

胡金昌（2016）[94] 对穿梭机器人仓储系统中订单分配进行了优化，提出了四种改进的 k-means 聚类算法的订单分配策略，并进行了仿真，得出了最佳的订单分配方案。吴思沛（2018）[95] 分析了两种“货到人”自动化拣选系统，分析了不同订单分配策略对穿梭机器人仓储系统分拣效率的影响。

四、其他优化策略问题研究

在系统货架稳定性、可视化建模、系统能耗等其他方面，也有学者做出了贡献。赵永谦（2016）[96] 分别应用 Matlab 及 Ansys 对货架系统进行了有限元仿真分析与比较，探索了货架基于力学特性的稳定性，对高层货架的稳定性具有重要的理论和实际意义。

李毅超（2017）[97] 针对穿梭机器人仓储系统以 Unity3D 为工具，开发了穿梭机器人仓储系统的 3D 可视化场景的功能。秦艺萍等（2019）[98] 利用 k-means 聚类算法和排列规则对穿梭机器人仓储系统中的输送线缓存长度进行了优化。陈云霞（2019）[99] 研究了双端出入库模式的穿梭机器人仓储系统，建立了单订单吞吐时间最低与系统总成本最低的多优化目标。

Zou 等[100] 使用了 fork-join 排队网络模型对穿梭机器人仓储系统串行策略和并行策略的对比，表明了在系统少于十层的时候，并行策略要优于穿行策略。分析了在不同出入库作业达到率的情况下，系统最优的穿梭机器人数量配置。

杨宝龙（2017）[101] 针对双深位货架的穿梭机器人仓储系统中倒货作业问题，使用了改进遗传算法研究了倒货策略，缩短了系统的作业时间，提高了系统的作业效率。张晓清（2018）[102] 对双深位的穿梭机器人仓储系统进行了分区倒货策略的研究，建立了基于分区倒货策略的倒货作业时间模型，并对分区倒货策略下的系统任务调度问题进行了优化。

田彬等（2019）[103] 和田彬（2020）[104] 对穿梭机器人仓储系统建立了半开环排队网络，并提出了基于均值分析法和矩阵集合法的求解方法，研究了包括拣选站台的系统各服务节点的性能。Liu 等（2021）[105] 针对双指令作业下的穿梭机器人仓储系统，建立了系统的能量消耗模型，表明了系统设备的加速度和最大速度是影响能量消耗的主要因素，并分析了吞吐量与能耗的关系。

综上所述，关于自动化拣选系统的研究的开展主要集中在系统结构设计、系统的货位指派优化、订单分批以及任务分配调度这几个方面。穿梭机器人仓储系统的种类众多，很少有文献系统性地对穿梭机器人仓储系统进行系统化的研究，本书在以往研究成果的基础上，对穿梭机器人仓储系统的设计与优化展开了系统性的研究。

第四节　主要内容和技术路线

一、结构安排及研究内容

本书以“穿梭机器人仓储系统类型的选择—系统的合理配置—系统运行策略优化”的系统设计思路为研究主线，运用了时间分析、智能优化算法、排队论等方法对穿梭机器人仓储系统从系统构建、设计优化和运营决策三个角度，以实现系统总成本最少、系统吞吐能力最大和系统作业时间最短为目标进行了研究。

第一章为绪论。介绍了本书的研究背景和研究对象，总结了国内外关于智慧物流仓储系统领域相关的文献综述，给出了本书的研究意义、具体研究内容和研究思路。

第二章为穿梭机器人仓储系统的适配选型。本章研究了在系统设计最初期“穿梭机器人仓储系统类型选择”的问题。选取了具有代表性的单层穿梭机器人仓储系统、跨层穿梭机器人仓储系统和跨层跨巷道穿梭机器人仓储系统作为研究对象。首先介绍了三种系统的布局和作业流程。其次分别对这三种系统的穿梭机器人和提升机的作业时间进行了分析，建立了以系统总成本最小为目标的目标函数，设计了相应的启发式求解算法。最后得出了在不同存储容量以及吞吐能力要求下，系统的最优选型方案。

第三章为带转载的穿梭机器人仓储系统设备配置问题优化。本章研究了在系统选型之后的系统设备配置优化的问题。以带转载的穿梭机器人仓储系统为研究对象，对系统中的转载穿梭机器人、巷道穿梭机器人和提升机进行了作业时间分析，构建了以系统吞吐能力最大和系统总成本最小为多目标的优化模型，通过设计了基于改进初始粒子群的粒子群算法进行求解，验证了改进粒子群算法的有效性，并得出了系统最优配置的具体参数。

第四章为跨巷道穿梭机器人仓储系统路径优化和结构设计问题研究。选取了比第三章中柔性更强的跨巷道穿梭机器人仓储系统作为研究对象，首先对穿梭机器人在系统中的路径进行了优化，通过改进的 Dijkstra 算法求解得到了穿梭机器人在系统中路径最短且时间最短的路线。其次在考虑了最优路径的条件下，对系统建立了半开环排队网络，设计了基于 AMVA 的求解算法进行求解，通过仿真验证了方法的有效性。最后分析了系统的性能，得出了系统的长宽比以及层数对系统吞吐能力的影响。

第五章为跨层跨巷道穿梭机器人仓储系统存储策略问题研究。本章主要研究系统的运行策略问题，通过优化系统的运行策略，进一步提高系统的吞吐能力。根据柔性化递进的特点选取了既能跨巷道又能跨层作业的跨层跨巷道的穿梭机器人仓储系统，考虑了在水平方向、垂直方向与垂直水平方向综合分区的三种分类存储策略和随机存储策略；对这四种存储策略下系统的穿梭机器人和提升机作业时间进行分析，建立了半开环排队网络模型，设计了基于 MVA 的求解算法，得出了跨层跨巷道穿梭机器人仓储系统中，不同分类策略对系统的影响以及分区大小对系统的影响。

第六章为总结与展望。总结了本书的主要工作和不足，并展望了进一步的研究方向。

二、研究路线

本书的研究路线如图 1-3 所示：

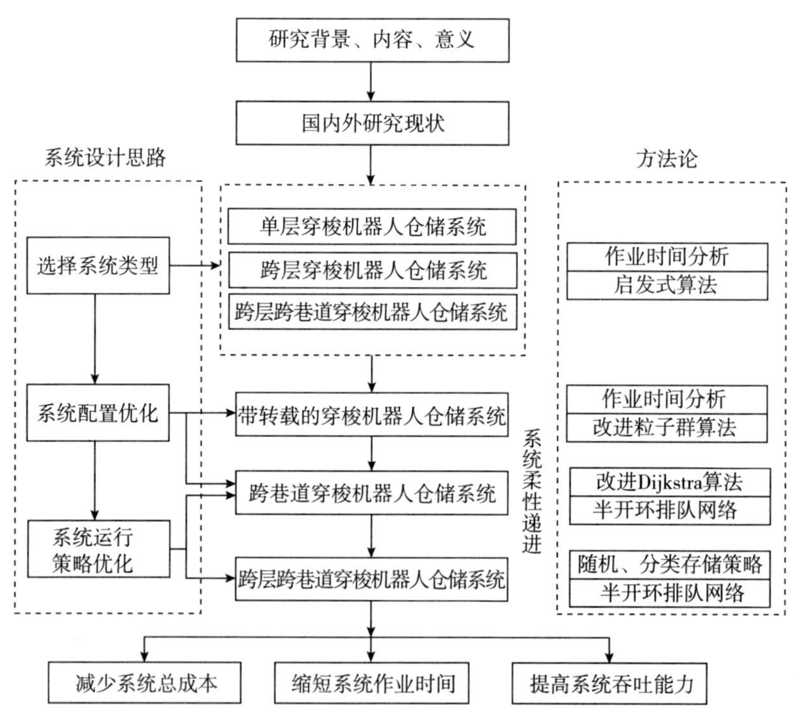

图 1-3　本书的研究路线

资料来源：笔者绘制。

第五节 主要创新点

本书的创新工作主要体现在以下几个方面：

（1）研究了穿梭机器人仓储系统的适配选型问题。学者以往的研究只是针对一种穿梭机器人仓储系统进行系统设计或者配置的研究，本书对多种类型穿梭机器人仓储系统的选型问题进行了研究。首先选取了单层穿梭机器人仓储系统、跨层穿梭机器人仓储系统和跨层跨巷道穿梭机器人仓储系统作为研究对象。其次对三种系统的布局和作业流程进行介绍，分析了系统中穿梭机器人和提升机的作业时间，构建了系统中穿梭机器人和提升机的作业时间函数，建立了以系统成本最小为目标的优化模型，设计了相应的启发式求解算法，通过实例和实验验证了算法的有效性。最后通过进一步的灵敏度分析得出了在不同货位数和吞吐能力要求下，不同的系统选型方案以及系统总成本和单位成本与系统选型方案之间的关系。

（2）研究了带转载的穿梭机器人仓储系统中各设备的最优配置问题。带转载的穿梭机器人仓储系统依靠转载穿梭机器人实现周转箱的跨巷道作业，柔性化程度较高。本书首先介绍了带转载穿梭机器人的系统布局及作业流程。其次对带转载穿梭机器人仓储系统中的转载穿梭机器人、巷道穿梭机器人和提升机进行了作业时间分析，建立了系统总成本最小和系统吞吐能力最大为目标的多目标优化模型，提出了基于初始粒子群优化的改进粒子群算法，通过实验对比未改进的粒子群算法，得出了改进粒子群无论在收敛速度还是在结果准确性上都具有优势的结论。最后通过进一步的灵敏度分析得出了在不同的货位数量要求下，详细的最优系统配置方案以及系统吞吐能力和存储容量与系统成本之间的关系。通过此方法可以在控制最小成本的情况下，为设计规划人员设计更加合理的系统提供指导。

（3）研究了跨巷道穿梭机器人的路径优化问题和系统结构优化问题。本书首次对带横向导轨的跨巷道穿梭机器人仓储系统进行了研究。在跨巷道穿梭机器人仓储系统中，穿梭机器人可以通过横向导轨实现跨巷道作业，柔性化程度更高。首先对跨巷道穿梭机器人仓储系统中穿梭机器人的作业路径和时间进行分析，发现在考虑穿梭机器人加速和减速的情况下，由于路径中节点数量不同导致距离最短路径不一定是时间最短路径，从而对 Dijkstra 算法进行了改进，并验证了其有效性。其次在考虑了穿梭机器人路径优化的前提下，对该跨巷道穿梭机器人仓储系统建立了半开环排队网络绩效评估模型，设计了基于 AMVA 的求解算法，通过实验验证了模型的准确性和算法的有效性。最后通过灵敏度分析实验得到了以下结论：第一，在层数一样、巷道数和列数相差最小的情况下，系统的吞吐能力最大。第二，存在使系统吞吐能力最大的最优层数。

（4）研究了跨层跨巷道穿梭机器人仓储系统的存储策略优化问题。跨层跨巷道穿梭机器人系统中穿梭机器人不仅可以实现跨巷道的作业，也可以实现跨层作业，其柔性化程度最高。本书首次对该系统的存储策略问题进行了研究，在系统存储策略的相关研究中，学者通常假设系统的存储方式为随机存储方式，本书提出了三种不同的基于周转率的分类存储策略（水平方向分区、垂直方向分区和水平与垂直方向综合分区）。首先对系统的布局和作业流程进行了介绍。其次对这三种不同分类存储策略和随机存储策略下，系统中穿梭机器人和提升机进行了作业时间分析，建立了半开环排队网络绩效评估模型，设计了基于 MVA 的求解算法，通过实验验证了算法的有效性。最后通过灵敏度分析得出了以下结论：第一，在相同的系统结构及货位总数的条件下，A 区的占比越高，运用分区存储策略的效果越差，A 区的占比越小，运用分区存储策略的效果越好，其中综合分区策略最优的结论。第二，当 A 区的拣选概率较高的时候，综合分区策略的效果要好于其他分区策略和无分区的情况，当 A 区的拣选概率较低的时候，水平方向上的分区存储策略效果最好。

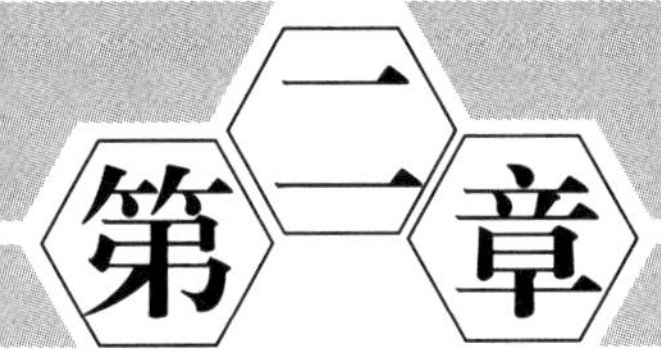

穿梭机器人仓储系统的适配选型

穿梭机器人仓储系统作为一种新型的智慧物流仓储系统如图 2-1 所示，其密集式的储分结构、占地面积小、高效的作业效率等众多优点备受企业的青睐。由于每一个企业对系统效率和货位数量的要求以及场地的大小不一样，因此在仓库空间大小的限制下，既能满足企业对货位数量的要求，又能满足企业对系统效率的要求，并且成本低的穿梭机器人仓储系统的选型研究变得更加有意义。本章将对三种不同的穿梭机器人仓储系统进行介绍，并建立以最小成本为目标的数学模型，从而分析如何在满足企业需求的情况下，构建更合适的穿梭机器人仓储系统。

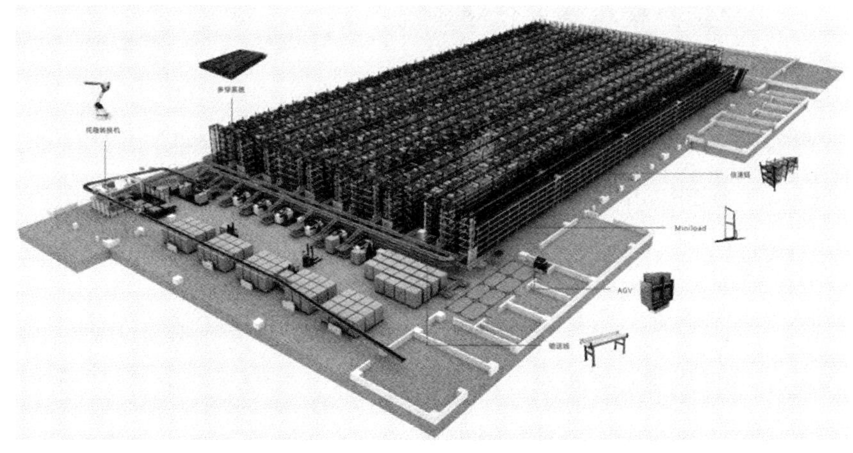

图 2-1　穿梭机器人仓储系统

资料来源：兰剑智能科技有限公司网站，https：//www. bluesword s. com/cold-chain。

第一节 穿梭机器人仓储系统的类型

穿梭机器人仓储系统不同于传统堆垛机系统，主要由穿梭机器人、高速提升机、出入库站台、高层立体货架、缓存区、输送系统、仓储管理系统和仓储控制系统等组成。穿梭机器人仓储系统按照穿梭机器人的运动特征可以分为单层穿梭机器人仓储系统、跨层穿梭机器人仓储系统和跨层跨巷道穿梭机器人仓储系统，下面将从系统布局、单指令作业下出库任务的作业流程两个方面分别介绍不同的系统。

一、单层穿梭机器人仓储系统

单层穿梭机器人仓储系统（Tier-Captive Shuttle Based Storage/Retrieval System，TCSBS/RS）如图 2-2 所示，每一层每一个巷道都有且只有一个穿梭机器人且只能在所在巷道中沿着列的方向进行水平方向上的作业运动，无法进行垂直方向的运动，在货架每一个巷道的最前端都有一组出入库提升机实现货物垂直方向上的运动。

单层穿梭机器人仓储系统根据作业流程分为单指令作业模式和双指令复合作业模式。在单指令作业模式下，系统在执行任务阶段只进行入库作业任务或者出库作业任务；在双指令复合作业模式下，系统同时执

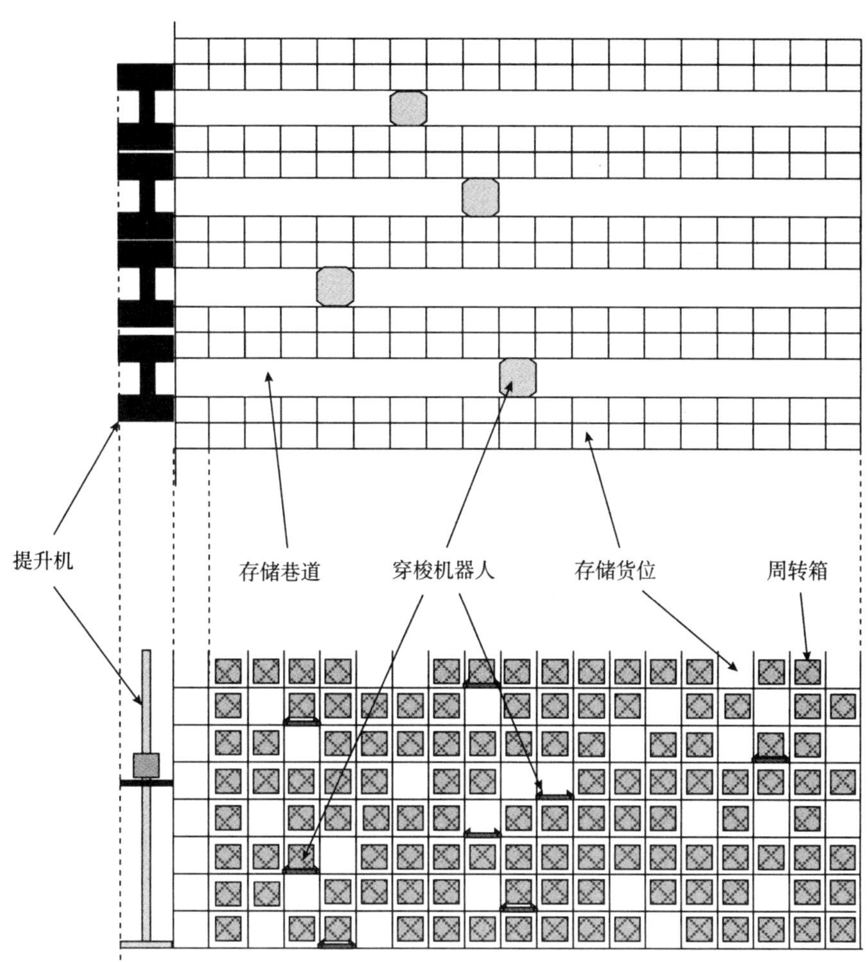

图 2-2　单层穿梭机器人仓储系统

资料来源：笔者绘制。

行入库作业任务和出库作业任务，为了更好地对比不同类型穿梭机器人仓储系统之间的效率，以便做出更好的适配选型方案，本章只考虑在单指令作业模式下的出库作业任务流程，具体流程如图 2-3 所示。

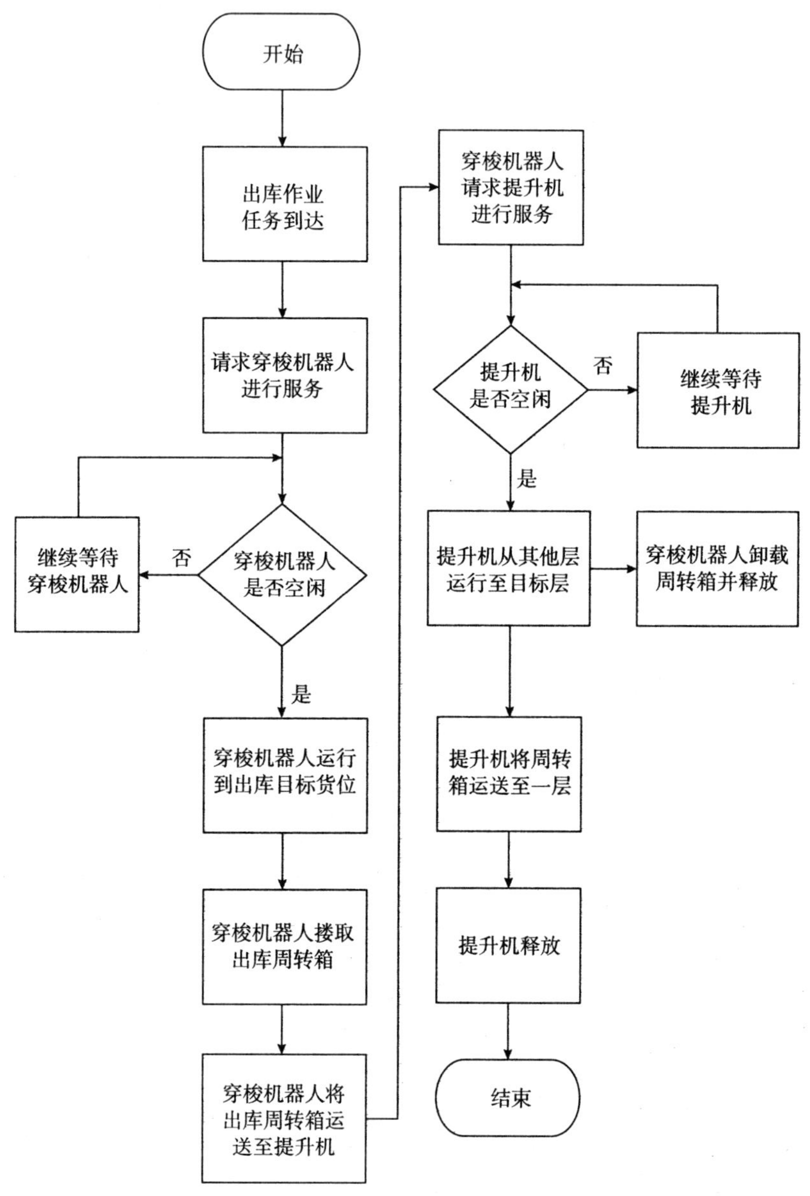

图 2-3　单层穿梭机器人出库作业任务流程

资料来源：笔者绘制。

第一步，出库作业任务达到，任务请求空闲穿梭机器人服务，如果此时有空闲穿梭机器人，那么任务与穿梭机器人进行绑定；如果没有空闲，那么该出库作业任务进入等待队列，等待空闲穿梭机器人与之匹配。

第二步，绑定完出库作业任务的穿梭机器人运行到目标货位，搂取待出库周转箱，行驶到巷道的前端，请求提升机进行服务，如果提升机有空闲，那么提升机与任务绑定；如果提升机在进行作业，那么穿梭机器人进入等待队列，等待提升机服务。

第三步，提升机从其他层运行到目标层，搂取待出库周转箱。此时穿梭机器人释放，进入其他任务队列。

第四步，提升机将周转箱运送到一层，并释放。

二、跨层穿梭机器人仓储系统

跨层穿梭机器人仓储系统（Tier to Tier Shuttle Based Storage/Retrieval System，TTSBS/RS）如图 2-4 所示，在货架结构上和单层穿梭机器人类似，货架采用单深位的存储方式，在货架的前端每一个巷道均设有一组提升机；不同之处在于并不是每层都有穿梭机器人，而是一个巷道共用几个穿梭机器人，提升机负责穿梭机器人在垂直方向上的运动。并且单层穿梭机器人仓储系统的提升机负责货物的运输，而跨层穿梭机器人仓储系统的提升机负责穿梭机器人的运输。

跨层穿梭机器人仓储系统和单层穿梭机器人仓储系统一样，均可以执行单指令作业和出入库复合的双指令作业，但是在具体拣选流程上与单层穿梭机器人仓储系统作业流程是不相同的，以出库拣选流程为例，

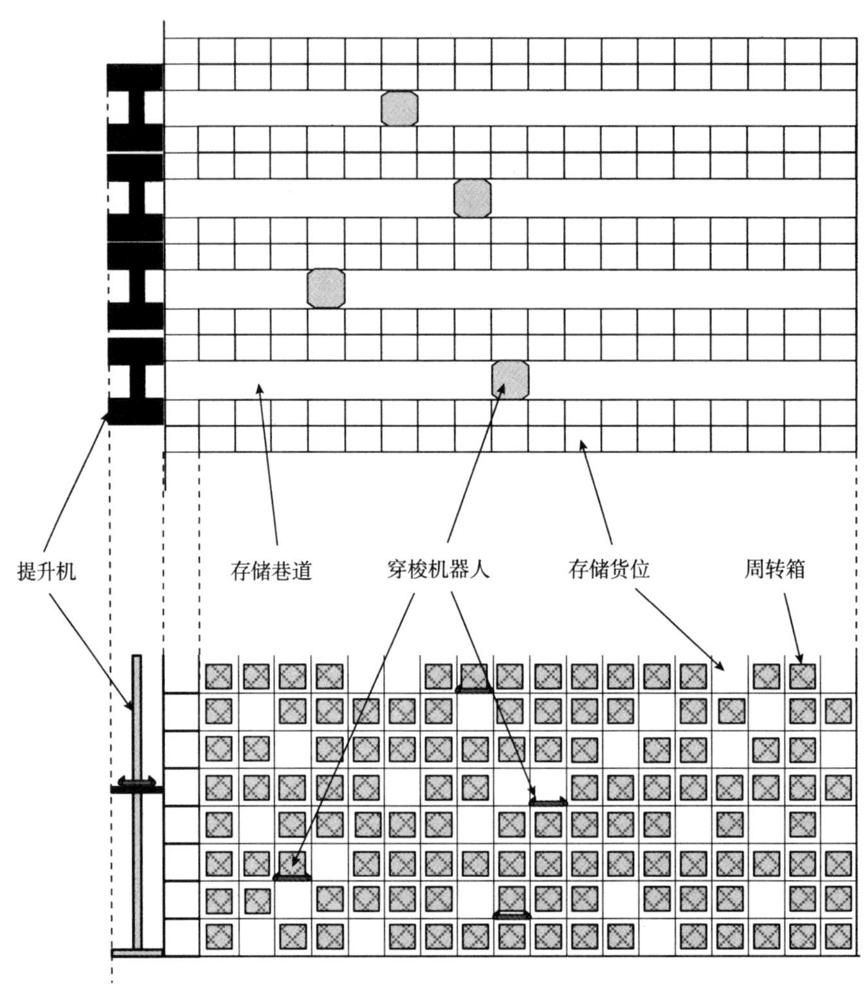

图 2-4　跨层穿梭机器人仓储系统

资料来源：笔者绘制。

如图 2-5 所示。

第一步，出库任务到达，任务请求空闲穿梭机器人服务，如果此时有空闲穿梭机器人，那么任务与穿梭机器人进行绑定；如果没有空闲，那么该出库任务进入等待队列，等待空闲穿梭机器人与之匹配。

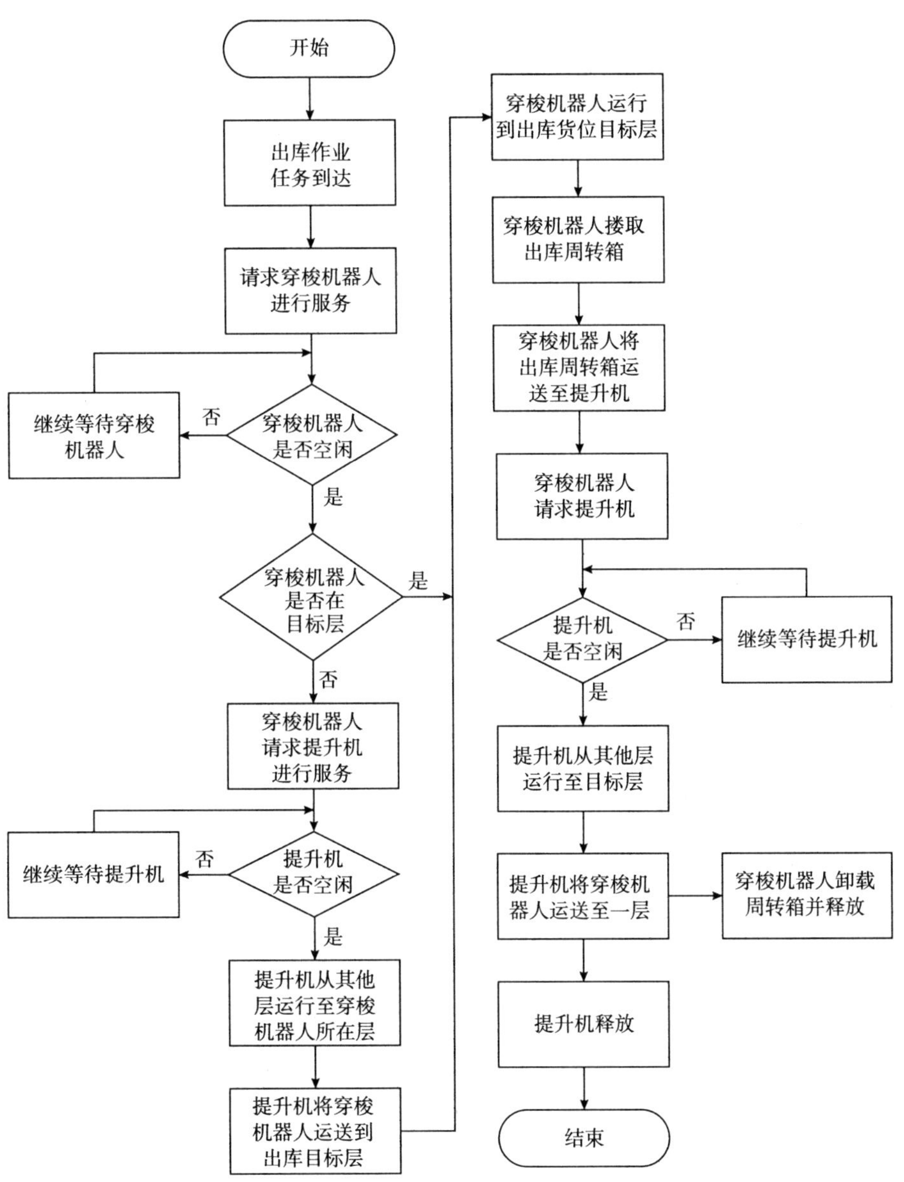

图 2-5　跨层穿梭机器人出库作业流程

资料来源：笔者绘制。

第二步，判断穿梭机器人是否在目标层，如果穿梭机器人不在目标层，则穿梭机器人请求提升机进行服务，如果此时提升机有空闲，那么提升机将从其他层运行到穿梭机器人所在层；如果提升机正在工作，那么进入等待队列，等待提升机服务。如果穿梭机器人在目标层，则进入第四步。

第三步，提升机将穿梭机器人运送到出库货物目标层，并释放。

第四步，穿梭机器人运行到目标货位，搂取待出库周转箱，然后行驶到巷道的前端，请求提升机进行服务，如果此时提升机有空闲，那么提升机则与任务绑定；如果提升机正在进行作业，那么穿梭机器人进入等待队列，等待提升机服务。

第五步，提升机从其他层运行到目标层，装载提升机。

第六步，提升机将载货穿梭机器人运送到一层，并释放。

第七步，穿梭机器人卸载周转箱，并释放。

三、跨层跨巷道穿梭机器人仓储系统

跨层跨巷道穿梭机器人仓储系统的布局情况如图 2-6 所示，与单层作业的穿梭机器人和跨层作业的穿梭机器人不同，货架靠近提升机的前端设置有一条横向导轨，穿梭机器人可以通过横向导轨实现水平方向上的跨巷道作业，通过提升机实现垂直方向上的运动，实现了既可跨巷道又可跨层的作业，柔性化更强。

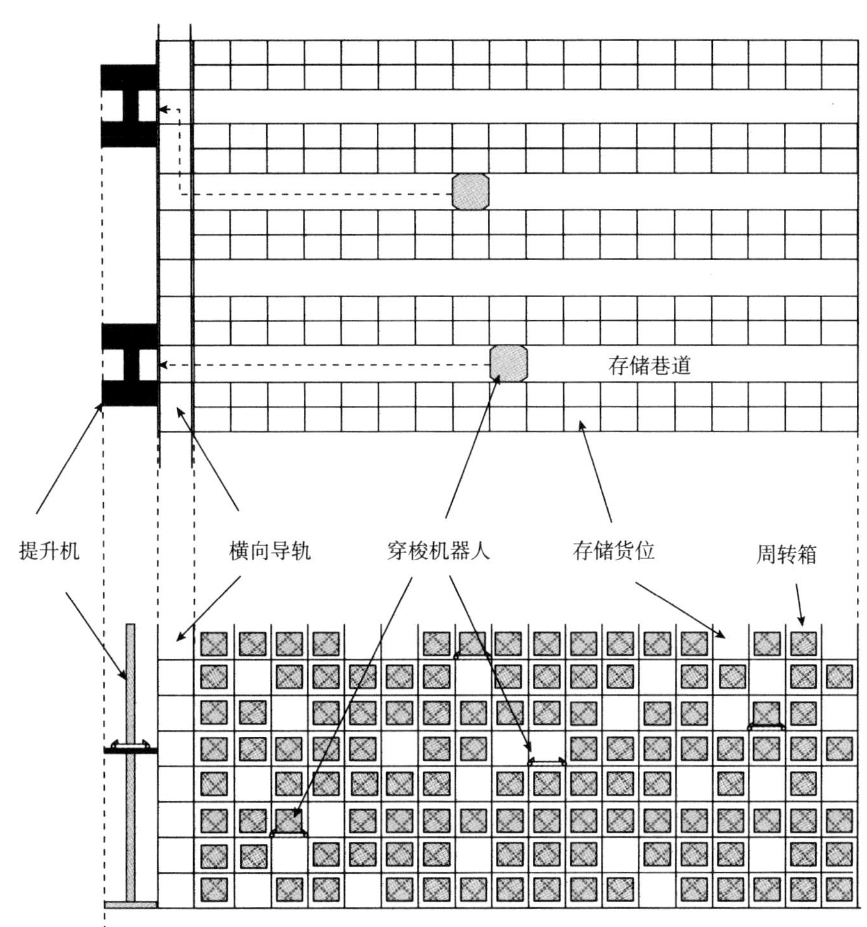

图 2-6　跨层跨巷道穿梭机器人仓储系统

资料来源：笔者绘制。

跨层跨巷道穿梭机器人仓储系统的作业流程和跨层穿梭机器人仓储系统类似，都是任务到达后请求与空闲穿梭机器人进行绑定，如果穿梭机器人不在目标货位的层和巷道的时候，穿梭机器人需要先通过横向导轨到达目标巷道，通过提升机从其他层到达目标层，然后进行拣选作业，最后通过提升机运送到一层。

第二节　作业时间分析

1. 单层穿梭机器人仓储系统

在单层作业的穿梭机器人仓储系统中，根据系统的作业流程，穿梭机器人的运动路径分为从当前位置运行到目标货位和从目标货位运行到提升机位置。提升机的运动路径分为从当前层运行到目标层和从目标层运行到一层。在考虑穿梭机器人和提升机加减速特性的情况下，对系统中的穿梭机器人和提升机进行运行时间分析。

（1）穿梭机器人从当前列 i 运行到目标货位列 j 的运行时间 t_{S1} 为：

$$t_{S1}=\begin{cases}\sqrt{\dfrac{2|j-i|l_S}{a_S}}, & |j-i|\leqslant n_{C0}\\ \dfrac{|j-i|l_S}{v_S}+\dfrac{v_S}{a_S}, & n_{C0}<|j-i|\leqslant n_C\end{cases} \tag{2-1}$$

$$n_{C0}=\left\lfloor\frac{v_S^2}{a_S l_S}\right\rfloor \tag{2-2}$$

式中，n_{C0} 表示穿梭机器人从 0 加速到最大速度后马上减速到 0 所经过的列数。那么穿梭机器人沿列的方向从第 i 列运行到第 j 列所用的平均运行时间为：

$$T_{S1}=\frac{2}{n_C^2}\sum_{i=n_C-n_{C0}+1}^{n_C}\sum_{j=i}^{n_C}\sqrt{\frac{2|j-i|l_S}{a_S}}+\frac{2}{n_C^2}\sum_{i=1}^{n_C-n_{C0}}$$

$$\left[\sum_{j=i}^{i+n_{C0}}\sqrt{\frac{2\left|j-i\right|l_S}{a_S}}+\sum_{j=i+n_{C0}+1}^{n_C}\left(\frac{\left|j-i\right|l_S}{v_l}+\frac{v_S}{a_S}\right)\right] \tag{2-3}$$

（2）穿梭机器人完成搂取货物后，从目标货位列 i 到第 1 列的运行时间 t_{S2} 为：

$$t_{S2}=\begin{cases}\sqrt{\dfrac{2il_S}{a_S}}, & i\leqslant n_{C0}\\ \dfrac{il_S}{v_S}+\dfrac{v_S}{a_S}, & n_{C0}<i\leqslant n_C\end{cases} \tag{2-4}$$

穿梭机器人从目标货位列 i 到第 1 列的平均运行时间 T_{S2} 为：

$$T_{S2}=\frac{1}{n_C}\left[\sum_{i=1}^{n_{C0}}\sqrt{\frac{2il_S}{a_S}}+\sum_{i=n_{C0}}^{n_C}\left(\frac{il_S}{v_S}+\frac{v_S}{a_S}\right)\right] \tag{2-5}$$

（3）提升机从当前层 i 运行到目标货位层 j 的运行时间 t_{l1} 为：

$$t_{l1}=\begin{cases}\sqrt{\dfrac{2\left|j-i\right|h_T}{a_l}}, & \left|j-i\right|\leqslant n_{T0}\\ \dfrac{\left|j-i\right|h_T}{v_l}+\dfrac{v_l}{a_l}, & n_{T0}<\left|j-i\right|\leqslant n_T\end{cases} \tag{2-6}$$

$$n_{T0}=\left\lfloor\frac{v_l^2}{a_lh_T}\right\rfloor \tag{2-7}$$

式中，n_{T0} 表示提升机从 0 加速到最大速度后马上减速到 0 所经过的层数。那么提升机在垂直方向上从第 i 层运行到第 j 层所用的平均运行时间 T_{l1} 为：

$$T_{l1}=\frac{2}{n_T^2}\sum_{i=n_T-n_{T0}+1}^{n_T}\sum_{j=i}^{n_T}\sqrt{\frac{2\left|j-i\right|h_T}{a_l}}+\frac{2}{n_T^2}\sum_{i=1}^{n_T-n_{T0}}$$

$$\left[\sum_{j=i}^{i+n_{T0}}\sqrt{\frac{2\left|j-i\right|h_T}{a_l}}+\sum_{j=i+n_{T0}+1}^{n_T}\left(\frac{\left|j-i\right|h_T}{v_l}+\frac{v_l}{a_l}\right)\right] \tag{2-8}$$

（4）提升机从目标货位列 i 到第 1 列的运行时间 t_{l2} 为：

$$t_{l2}=\begin{cases}\sqrt{\dfrac{2ih_T}{a_l}}, & i\leqslant n_{T0}\\ \dfrac{ih_T}{v_l}+\dfrac{v_l}{a_l}, & n_{T0}<i\leqslant n_T\end{cases} \tag{2-9}$$

提升机从目标货位层 i 运行到第 1 层的平均服务时间为：

$$T_{l2}=\frac{1}{n_T}\left[\sum_{i=1}^{n_{T0}}\sqrt{\frac{2ih_T}{a_l}}+\sum_{i=n_{T0}}^{n_T}\left(\frac{ih_T}{v_l}+\frac{v_l}{a_l}\right)\right] \tag{2-10}$$

综上可得，

穿梭机器人运行的平均服务时间为：

$$T_{\text{shuttle1}}=T_{S1}+T_{S2} \tag{2-11}$$

提升机的平均服务时间为：

$$T_{\text{lift1}}=T_{l1}+T_{l2} \tag{2-12}$$

2. 跨层穿梭机器人仓储系统

在跨层穿梭机器人仓储系统中，穿梭机器人的运行时间与单层作业的穿梭机器人仓储系统一样，提升机的运行时间多了将穿梭机器人从第 i 层运送到目标货位层 j 的时间为：

$$t_{l3}=\begin{cases}\sqrt{\dfrac{2\,|j-i|\,h_T}{a_l}}, & |j-i|\leqslant n_{T0}\\ \dfrac{|j-i|\,h_T}{v_l}+\dfrac{v_l}{a_l}, & n_{T0}<|j-i|\leqslant n_T\end{cases} \tag{2-13}$$

假设层数为 n_{T0}，那么穿梭机器人与目标货位在同层的概率和不同层的概率分别为：

$$P_1 = \frac{1}{n_T} \times \frac{1}{n_T} \tag{2-14}$$

$$P_2 = 1 - \frac{1}{n_T} \times \frac{1}{n_T} \tag{2-15}$$

那么提升机将穿梭机器人从第 i 层运送到目标货位层 j 的平均服务时间 T_{l3} 为：

$$T_{l3} = P_2 \frac{2}{nT^2} \sum_{i=n_T-n_{T0}+1}^{n_T} \sum_{j=i}^{n_T} \sqrt{\frac{2\left|j-i\right|h_T}{a_l}} + P_2 \frac{2}{nT^2} \sum_{i=1}^{n_T-n_{T0}} \left[\sum_{j=i}^{i+n_{T0}} \sqrt{\frac{2\left|j-i\right|h_T}{a_l}} + \sum_{j=i+n_{T0}+1}^{n_T} \left(\frac{\left|j-i\right|h_T}{v_l} + \frac{v_l}{a_l} \right) \right] \tag{2-16}$$

综上可得，

系统中穿梭机器人总的平均服务时间为：

$$T_{\text{shuttle2}} = P_1 T_{S1} + P_2 T_{S2} + T_{S2} \tag{2-17}$$

提升机的平均服务时间为：

$$T_{\text{lift2}} = T_{l1} + T_{l2} + T_{l3} \tag{2-18}$$

3. 跨层跨巷道穿梭机器人仓储系统

在跨层跨巷道穿梭机器人仓储系统中，并不是每层每个巷道都有穿梭机器人，也不是每个巷道都有提升机，存在几个巷道共用一个提升机的情况，那么跨层跨巷道穿梭机器人仓储系统与跨层穿梭机器人仓储系统最大的区别就在于穿梭机器人能否跨巷道，也可以理解为在同样系统大小的情况下，跨层跨巷道穿梭机器人仓储系统中提升机的数量要小于在跨层穿梭机器人仓储系统中提升机的数量。

在跨层跨巷道穿梭机器人仓储系统中根据穿梭机器人的初始位置，

可以分为以下几种情况。

当穿梭机器人在目标层且在目标巷道时的概率为：

$$P_1=\frac{C_{n_Tn_A-1}^{N-1}}{C_{n_Tn_A}^{N}} \tag{2-19}$$

当穿梭机器人在目标层且不在目标巷道时的概率为：

$$P_2=\frac{\sum_{i=2}^{n_A}C_{n_Tn_A-1}^{N-1}}{C_{n_Tn_A}^{N}} \tag{2-20}$$

当穿梭机器人不在货物目标层时的概率为：

$$P_3=\frac{C_{n_Tn_A}^{N}-C_{n_Tn_A-1}^{N-1}-\sum_{i=2}^{n_A}C_{n_Tn_A-1}^{N-1}}{C_{n_Tn_A}^{N}} \tag{2-21}$$

根据跨层跨巷道的穿梭机器人仓储系统在单指令下出库作业流程：

（1）一开始穿梭机器人的位置可能在系统中的任意位置，这时穿梭机器人要运行到目标货位所在的提升机负责的巷道口等待提升机进行服务，首先穿梭机器人要从第 j 列运行到第 1 列，穿梭机器人运行时间 t_{S1} 可以表示为：

$$t_{S1}=\begin{cases}\sqrt{\dfrac{2jl_S}{a_S}}, & j\leqslant n_{C0}\\[2ex] \dfrac{jl_S}{v_S}+\dfrac{v_S}{a_S}, & n_{C0}<j\leqslant n_C\end{cases} \tag{2-22}$$

$$n_{C0}=\left\lfloor\frac{v_S^2}{a_Sl_S}\right\rfloor \tag{2-23}$$

式中，n_{C0} 表示穿梭机器人从 0 加速到最大速度然后马上减速到 0 时经过的列数。

那么穿梭机器人从第 j 列运行到第 1 列的平均服务时间为：

$$T_{S1} = \frac{1}{n_C}\left[\sum_{j=1}^{n_{C0}}\sqrt{\frac{2jl_S}{a_S}} + \sum_{j=n_{C0}}^{n_C}\left(\frac{jl_S}{v_S} + \frac{v_S}{a_S}\right)\right] \tag{2-24}$$

（2）穿梭机器人运行到第 1 列后，沿着横向的横向滑轨运行到目标提升机的位置，那么穿梭机器人从第 j 个巷道运行到第 i 个巷道的运行时间 t_{S2} 可以表示为：

$$t_{S2}=\begin{cases}\sqrt{\dfrac{2|i-j|(2w_S+w_A)}{a_S}}, & |i-j|\leqslant n_{C0}\\[2ex] \dfrac{|i-j|(2w_S+w_A)}{v_S}+\dfrac{v_S}{a_S}, & n_{C0}<|i-j|\leqslant n_C\end{cases} \tag{2-25}$$

$$n_{A0}=\left\lfloor\frac{v_S^2}{a_S(2w_S+w_A)}\right\rfloor \tag{2-26}$$

式中，n_{A0} 表示跨层跨巷道的穿梭机器人在横向滑轨运动时从 0 加速到最大速度后马上减速到 0 所经过的巷道数。

穿梭机器人从第 i 个巷道运行到第 j 个巷道的可能性共有 n_A^2 种，那么穿梭机器人从第 i 个巷道运行到第 j 个巷道的平均服务时间如式（2-27）所示：

$$T_{S2} = \frac{2}{nA^2}\sum_{i=n_A-n_{A0}+1}^{n_A}\sum_{j=i}^{n_A}\sqrt{\frac{2|j-i|(2w_S+w_A)}{a_l}} + \frac{2}{nA^2}\sum_{i=1}^{n_A-n_{A0}}\left[\sum_{j=i}^{i+n_{A0}}\sqrt{\frac{2|j-i|(2w_S+w_A)}{a_S}} + \sum_{j=i+n_{A0}+1}^{n_A}\left(\frac{|j-i|(2w_S+w_A)}{v_S} + \frac{v_S}{a_S}\right)\right] \tag{2-27}$$

（3）运行到目标巷道的位置之后，如果不在目标层的话，那么会请求提升机服务，将穿梭机器人从当前层运送到目标层。

假设穿梭机器人在第 i 层，目标层在第 j 层。那么提升机将穿梭机器人从当前层 i 运输到目标层 j 的时间 t_{l1} 为：

$$t_{l1}=\begin{cases}\sqrt{\dfrac{2\left|j-i\right|h_T}{a_l}}, & \left|j-i\right|\leqslant n_{T0}\\[2ex] \dfrac{\left|j-i\right|h_T}{v_l}+\dfrac{v_l}{a_l}, & n_{T0}<\left|j-i\right|\leqslant n_T\end{cases} \tag{2-28}$$

$$n_{T0}=\left\lfloor\frac{v_l^2}{a_l h_T}\right\rfloor \tag{2-29}$$

式中，n_{T0} 表示提升机加速到最大速度马上减速到 0 至少需要的层数。

提升机从第 i 层到第 j 层的运动有 n_T^2 种可能性，那么提升机从第 i 层到第 j 层的平均服务时间 T_{l1} 为：

$$T_{l1}=\frac{2}{n_T^2}\sum_{i=n_T-n_{T0}+1}^{n_T}\sum_{j=i}^{n_T}\sqrt{\frac{2\left|j-i\right|h_T}{a_l}}+\frac{2}{n_T^2}\sum_{i=1}^{n_T-n_{T0}}\left[\sum_{j=i}^{i+n_{T0}}\sqrt{\frac{2\left|j-i\right|h_T}{a_l}}+\sum_{j=i+n_{T0}+1}^{n_T}\left(\frac{\left|j-i\right|h_T}{v_l}+\frac{v_l}{a_l}\right)\right] \tag{2-30}$$

（4）当穿梭机器人到达所在目标层之后，穿梭机器人要到达目标货位搂取周转箱，我们之前讨论了周转箱位于作业单元的位置情况，为了更好地展开研究，并且通过调研多个实际系统的结构，在这里我们假设一组提升机负责三个巷道的作业，周转箱位于中间巷道的概率为 1/3，穿梭机器人横向移动的时间为 0；当位于两边巷道时，穿梭机器人此时横向移动的时间为：

$$t_{S3}=\begin{cases}\sqrt{\dfrac{2(2w_S+w_A)}{a_S}}, & 2w_S+w_A\leqslant\dfrac{v_S}{2a_S}\\ \dfrac{2w_S+w_A}{v_S}+\dfrac{v_S}{a_S}, & 2w_S+w_A>\dfrac{v_S}{2a_S}\end{cases}\tag{2-31}$$

从式（2-31）中可以看出，所有的参数都是固定不变的，不涉及变量的存在，那么这里穿梭机器人横向移动的时间 t_{S3} 为固定常量。

那么穿梭机器人横向移动的平均时间为：

$$T_{S3}=\frac{2t_{S3}}{3}\tag{2-32}$$

穿梭机器人沿巷道从第 1 列到达目标货位 i 列的时间为：

$$t_{S4}=t_{S1}=\begin{cases}\sqrt{\dfrac{2il_S}{a_S}}, & i\leqslant n_{C0}\\ \dfrac{il_S}{v_S}+\dfrac{v_S}{a_S}, & n_{C0}<i\leqslant n_C\end{cases}\tag{2-33}$$

穿梭机器人沿巷道从第 1 列到达目标货位 i 列的平均服务时间为：

$$T_{S4}=T_{S1}=\frac{1}{n_C}\left[\sum_{i=1}^{n_{C0}}\sqrt{\frac{2il_S}{a_S}}+\sum_{i=n_{C0}}^{n_C}\left(\frac{il_S}{v_S}+\frac{v_S}{a_S}\right)\right]\tag{2-34}$$

（5）如果穿梭机器人和目标货位在同一层且同一个巷道，那么穿梭机器人沿列的方向上从第 i 列运行到第 j 列所用的时间为：

$$t_{S5}=\begin{cases}\sqrt{\dfrac{2|j-i|l_S}{a_S}}, & |j-i|\leqslant n_{C0}\\ \dfrac{|j-i|l_S}{v_S}+\dfrac{v_S}{a_S}, & n_{C0}<|j-i|\leqslant n_C\end{cases}\tag{2-35}$$

$$n_{C0}=\left\lfloor\frac{v_S^2}{a_Sl_S}\right\rfloor\tag{2-36}$$

穿梭机器人沿列的方向从第 i 列运行到第 j 列所用的平均运行时间为：

$$T_{S5} = \frac{2}{n_C^2} \sum_{i=n_C-n_{C0}+1}^{n_C} \sum_{j=i}^{n_C} \sqrt{\frac{2|j-i|l_S}{a_S}} + \frac{2}{n_C^2} \sum_{i=1}^{n_C-n_{C0}} \left[\sum_{j=i}^{i+n_{C0}} \sqrt{\frac{2|j-i|l_S}{a_S}} + \sum_{j=i+n_{C0}+1}^{n_C} \left(\frac{|j-i|l_S}{v_l} + \frac{v_S}{a_S} \right) \right] \tag{2-37}$$

（6）穿梭机器人取完货物以后，请求提升机服务，提升机将从货物目标层 i 运行到第 1 层，其平均服务时间为：

$$T_{l2} = \frac{1}{n_T} \left[\sum_{i=1}^{n_{T0}} \sqrt{\frac{2ih_T}{a_l}} + \sum_{i=n_{T0}}^{n_T} \left(\frac{ih_T}{v_l} + \frac{v_l}{a_l} \right) \right] \tag{2-38}$$

综上可得，穿梭机器人完成一个订单的平均服务时间为：

$$T_{\text{shuttle3}} = P_3(T_{S1}+T_{S2}) + P_3(T_{S1}+T_{S3}+T_{S4}) + P_2(T_{S1}+T_{S2}+T_{S4}) + P_1 T_{S5} \tag{2-39}$$

提升机完成一个订单的平均服务时间为：

$$T_{\text{lift3}} = P_3 T_{l1} + T_{l2} \tag{2-40}$$

第三节　模型建立与求解

为了更好地开展研究，本章结合系统实际运行情况对研究的系统做出以下假设：

（1）遵循 POSC（Point-of-Service-Completion）原则，即穿梭机器

人和提升机完成任务之后，就停靠在上一个任务完成的位置。

（2）遵循 FCFS（First-Come First-Served）原则，即穿梭机器人、提升机均按照先到先服务的原则对接收到的请求进行服务。

（3）随机存储策略，即拣选订单任务命中的存储货位的概率都是相同的。

（4）提升机和穿梭机器人同一拣选任务的情况下，只能运输一个货物周转箱。

（5）不考虑系统中穿梭机器人之间的碰撞、死锁等运行冲突的情况。

（6）每台服务设备承载周转箱的数量不超过 1 个。

在穿梭机器人仓储系统中，系统的吞吐能力主要取决于系统中提升机和穿梭机器人的作业效率，基于前文对系统中提升机和穿梭机器人作业时间的分析，发现提升机和穿梭机器人的作业时间与系统的大小也就是系统的层数、列数、巷道数有关，那么根据企业对货位数和吞吐量不同的要求，存在选取不同的系统以满足成本最小的目标函数。

$$\min C_M = 2C_C \times n_T \times n_C \times n_A + C_S \times n_S \times x_i + C_L \times n_l \times x_i \tag{2-41}$$

$$\text{s.t.}\begin{cases} n_l \times TPS_L \geqslant TPS_r \\ n_S \times TPS_S \geqslant TPS_r \\ 2 \times n_A \times n_T \times n_C \geqslant N_r \\ T_0 \leqslant T_r \\ n_A,\ n_T,\ n_C \in (1,\ 2,\ 3,\ \cdots,\ n) \\ x_i = 0 \quad \text{or} \quad 1,\ (i=1,\ 2,\ 3) \end{cases} \tag{2-42}$$

式中，i 表示不同的系统类型；n_T、n_C、n_A 分别表示系统的层数、列数和巷道数；C_C、C_S、C_L 分别表示单个货格、穿梭机器人、提升机的成本；TPS_L、TPS_S、TPS_r 分别表示系统中提升机、穿梭机器人和企业要求的吞吐能力；x_i 表示选取哪种系统类型。

本章研究的是如何选取成本最小的系统，目标函数为系统的成本，那么就要确定在客户需求的吞吐量下 x_i 的取值，本章设计了如下启发式的求解思路：

第一步，在给定要求货位数的条件下，为了获得系统的最大吞吐能力，首先尽可能多地将巷道数量布满，也就是提升机的最大数量，其次设置层数和列数。在每个巷道和每一层均设置一组提升机和一个穿梭机器人，此时为当前仓库大小能设置的最大吞吐能力的方案。

第二步，判断系统中穿梭机器人和提升机的吞吐能力，如果此时提升机和穿梭机器人的吞吐能力均满足客户的要求，判断提升机的吞吐能力和要求吞吐能力的关系，假设减少一个提升机，如果 $(n_l-1)\times TPS_L \leqslant TPS_r$，那么不能对提升机进行减少，进入第三步，对穿梭机器人进行分析；如果 $(n_l-1)\times TPS_L > TPS_r$，那么进入第五步。

第三步，对于单个巷道来说，如果 $TPS_L \geqslant n_S TPS_S$，那么不能减少穿梭机器人的数量，选择系统的类型为单层作业的穿梭机器人仓储系统，此时 $i=1$，系统中穿梭机器人的数量为 $n_A \times n_T$。

第四步，如果 $TPS_L < n_S TPS_S$，假设减少 n 台穿梭机器人，使 $TPS_L \leqslant (n_S-n+1)TPS_S$ 且 $TPS_L > (n_S-n)TPS_S$，那么此时 $i=2$，选用跨层穿梭机器人仓储系统，系统中穿梭机器人的数量为 $n_A \times (n_S-n+1)$。

第五步，假设减少 m 架提升机，使 $(n_l-m+1)TPS_L \geqslant TPS_r$ 且 $(n_S-n)TPS_L<TPS_r$，那么此时 $i=3$，选用跨层跨巷道穿梭机器人仓储系统，然后进入第三步、第四步，继续确定穿梭机器人的数量。

证明：

在系统中，系统的成本最小即系统中的穿梭机器人和提升机的数量最少，并且能够满足系统的吞吐能力的需求，单位每小时提升机和穿梭机器人的吞吐能力分别为 $TPS_L=\frac{n_l 3600}{T_{\text{lift}}}$，$TPS_S=\frac{n_S 3600}{T_{\text{shuttle}}}$。在系统中当 $n_l TPS_L=n_S TPS_r$ 时，系统中的提升机和穿梭机器人的运行效率相等，在不考虑死锁碰撞的情况下，为了满足客户要求的吞吐能力，那么要使系统的吞吐能力刚好满足企业要求的系统吞吐能力即可。所以当系统中满足以下条件时：

$$\begin{cases} n_l TPS_L \geqslant TPS_r \\ (n_l-1)TPS_L<TPS_r \\ n_S TPS_S \geqslant TPS_r \\ (n_S-1)TPS_S<TPS_r \end{cases} \tag{2-43}$$

此时，系统中提升机和穿梭机器人的数量是满足企业需要的吞吐能力的最小数量，所以成本也是最小的。

第四节　实验结果与分析

为了验证算法的有效性及进一步分析不同需求对系统选型以及系统成本的影响，本章以单层穿梭机器人仓储系统、跨层穿梭机器人仓储系统和跨层跨巷道穿梭机器人仓储系统为研究目标，主要进行了三个仿真实验，第一个实验验证算法的有效性；第二个实验考虑在满足需求的货位数、仓库大小和吞吐能力的情况下，对穿梭机器人仓储系统进行灵敏度分析，以验证货位数、吞吐能力对系统类型选择的影响；第三个实验考虑在相同货位数、相同仓库尺寸大小的条件下，满足不同吞吐能力的系统单位成本大小，以验证系统总成本、系统单位成本与需求之间的关系。

为了使仿真结果更加有效和准确，重复进行多次实验，取实验结果达到稳定状态的数值进行统计。本书所有实验均由 Inter（R）Core（TM）i5-3210M CPU@ 2. 50GHz 双核处理器 8. 00G 内存的计算机进行，利用 MATLAB 2019b 中 Simulink 的 SimEvent 仿真工具构建仿真模型。

根据实际项目中系统机械结构的特性及其参数，第一个实验假设穿梭机器人仓储系统的基本参数如表 2-1 所示，为了验证算法的有效性，首先假设在仓库大小长宽高为 80 米×25 米×6 米的条件下，为了获得系统的最大吞吐能力；其次设置系统的巷道数、层数、列数分别为 25、20、5。对比在此条件下，算法模型和仿真模型的结果如表 2-2 所示。

表 2-1　穿梭机器人仓储系统基本参数

参数	数值	参数	数值
单个存储货位的宽度（米）	0.8	穿梭机器人的最大速度（米/秒）	3
单个存储货位的长度（米）	0.8	高速提升机的最大速度（米/秒）	3
单个存储巷道的宽度（米）	1.4	穿梭机器人的加速度（米/二次方秒）	2
单层存储货架的高度（米）	0.8	高速提升机的加速度（米/二次方秒）	3
穿梭机器人单价（万元）	15	一组提升机单价（万元）	30
单个货位的成本（万元）	0.04		

资料来源：笔者根据材料绘制。

表 2-2　计算与仿真结果对比

计算结果					仿真结果				
提升机吞吐能力	穿梭机器人的吞吐能力	提升机数量	穿梭机器人数量	系统总成本	提升机吞吐能力	穿梭机器人的吞吐能力	提升机数量	穿梭机器人数量	系统总成本
1092.9	461.7	25	75	2075	987.5	341.1	25	75	2075

资料来源：笔者根据实验结果绘制。

由于模型的解法是针对系统最大吞吐能力，在仿真中，无法完全达到最理想的状况，所以提升机和穿梭机器人的吞吐能力的结果存在误差，且误差范围在10%以内，对系统中设备的数量和系统总成本的计算没有影响，所以本章的算法设计是有效的，并且可以利用此仿真进行研究。

第二个实验是为了更好地展开研究，假设在需求货位总数分别为

5000、10000和15000，并且仓库的尺寸大小各不相同的情况下，研究为了满足不同的吞吐能力，穿梭机器人仓储系统在能够满足企业需求的情况下的选型以及最小成本。在不同需求的情况下，系统类型的选择，系统中提升机和穿梭机器人的数量以及系统的总成本如表2-3、表2-4、表2-5所示，并且从表中可以看出随着吞吐能力的变化，单层穿梭机器人仓储系统由于系统中提升机和穿梭机器人的数量较跨层穿梭机器人仓储系统和跨层跨巷道穿梭机器人仓储系统的数量要多，所以其系统总成本最高，跨层穿梭机器人仓储系统的总成本其次，跨层跨巷道穿梭机器人仓储系统的总成本最小。

表2-3 不同需求的输出结果（1）

需求参数					输出结果			
货位数	层数	巷道数	列数	吞吐能力	提升机数	穿梭机器人数	系统类型	成本
5000	5	25	20	29000	25	75	跨层	2075
5000	5	25	20	28000	25	75	跨层	2075
5000	5	25	20	19000	20	44	跨层跨巷道	1460
5000	5	25	20	15000	16	32	跨层跨巷道	1160
5000	5	25	20	10000	10	24	跨层跨巷道	860
5000	5	10	50	13000	10	50	单层	1250
5000	5	10	50	11000	10	50	单层	1250
5000	5	10	50	9500	10	40	跨层	1100
5000	5	10	50	6500	7	30	跨层跨巷道	860
5000	5	10	50	5000	5	25	跨层跨巷道	725
5000	10	10	25	8500	10	40	跨层	1100

续表

需求参数					输出结果			
货位数	层数	巷道数	列数	吞吐能力	提升机数	穿梭机器人数	系统类型	成本
5000	10	10	25	8000	10	40	跨层	1100
5000	10	10	25	5000	9	16	跨层跨巷道	710
5000	10	10	25	3300	5	9	跨层跨巷道	485
5000	10	10	25	1300	2	4	跨层跨巷道	320

资料来源：笔者根据实验结果绘制。

表 2-4　不同需求的输出结果（2）

需求参数					输出结果			
货位数	层数	巷道数	列数	吞吐能力	提升机数	穿梭机器人数	系统类型	成本
10000	5	20	50	31500	20	100	单层	2500
10000	5	20	50	20000	20	100	单层	2500
10000	5	20	50	17500	20	80	跨层	2200
10000	5	20	50	10000	10	48	跨层跨巷道	1420
10000	5	20	50	5000	5	24	跨层跨巷道	910
10000	10	25	20	20000	25	50	跨层	1900
10000	10	25	20	19000	25	50	跨层	1900
10000	10	25	20	13300	20	29	跨层跨巷道	1435
10000	10	25	20	10000	15	21	跨层跨巷道	1165
10000	10	25	20	6600	10	15	跨层跨巷道	925
10000	5	50	20	63000	50	150	跨层	4150
10000	5	50	20	50000	50	100	跨层	3400
10000	5	50	20	43600	40	90	跨层跨巷道	2950
10000	5	50	20	21800	20	48	跨层跨巷道	1720
10000	5	50	20	11000	10	24	跨层跨巷道	1060

资料来源：笔者根据实验结果绘制。

表 2-5　不同需求的输出结果（3）

需求参数					输出结果			
货位数	层数	巷道数	列数	吞吐能力	提升机数	穿梭机器人数	系统类型	成本
15000	5	30	50	39000	30	150	单层	3750
15000	5	30	50	35000	30	150	单层	3750
15000	5	30	50	27000	30	120	跨层	3300
15000	5	30	50	21000	20	95	跨层跨巷道	2625
15000	5	30	50	10000	10	48	跨层跨巷道	1620
15000	5	50	30	52500	50	150	跨层	4350
15000	5	50	30	43000	40	120	跨层跨巷道	3600
15000	5	50	30	32700	30	95	跨层跨巷道	2925
15000	5	50	30	21800	20	63	跨层跨巷道	2145
15000	5	50	30	10000	10	30	跨层跨巷道	1350
15000	10	10	75	9650	10	50	单层	1650
15000	10	10	75	8000	10	50	单层	1650
15000	10	10	75	6400	10	40	跨层	1500
15000	10	10	75	5300	8	30	跨层跨巷道	1290
15000	10	10	75	3300	5	20	跨层跨巷道	1050

资料来源：笔者根据实验结果绘制。

第三个实验是在验证了不同情况下，在不同最佳选型时，系统的单位成本大小与吞吐能力之间的关系。假设客户需求的货位数及仓库尺寸大小为以下两种情况。第一种情况：货位总数为 10000，仓库尺寸大小为 65 米×45 米×5 米。第二种情况：货位总数为 15000，仓库尺寸大小为 100 米×45 米×5 米。

如图 2-7、图 2-8 所示，与跨层穿梭机器人仓储系统和跨层跨巷道穿梭机器人仓储系统相比，单层穿梭机器人仓储系统虽然总成本较高，但是由于其较高的吞吐能力使得系统在合理配置的条件下，单位吞吐量

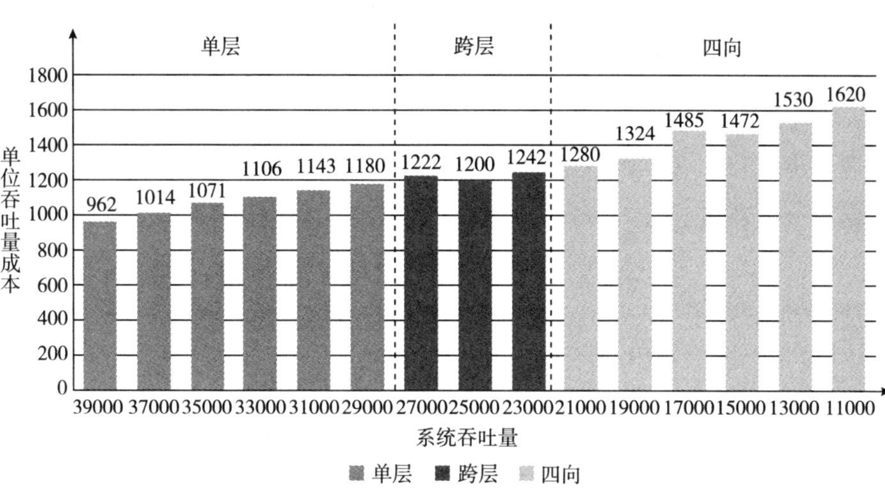

图 2-7　单位吞吐量的成本（1）

资料来源：笔者根据实验结果绘制。

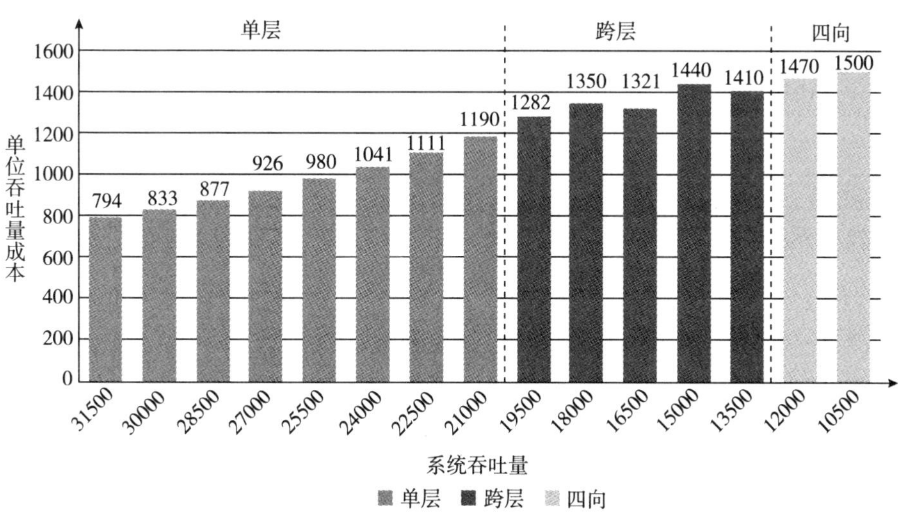

图 2-8　单位吞吐量的成本（2）

资料来源：笔者根据实验结果绘制。

的成本最小，跨层穿梭机器人仓储系统的单位吞吐量成本其次，跨层跨巷道穿梭机器人仓储系统的单位吞吐量成本最高。

所以，在构建穿梭机器人仓储系统时，不仅要考虑系统总成本，也要兼顾单位吞吐量的成本，进而更好地根据企业的需求，设计最合适的穿梭机器人仓储系统。

为了进一步验证实验结果，本章选取一个实例来验证。数据来源于某电子商务公司，该公司的需求如表 2-6 所示，系统的其他参数如表 2-1 所示，系统选型思路如下所示。

表 2-6 需求参数

仓库长度（米）	仓库宽度（米）	仓库高度（米）	货位总数	吞吐能力（箱/小时）
70	30	8	8000	4000

资料来源：笔者根据材料绘制。

第一步，由于仓库的长度和宽度分别为 70 米和 30 米，首先尽可能多地布置巷道，此时提升机数量 n_l 等于巷道数 n_A，为 20，那么层数 $n_T=8$，列数 $n_C=25$，货位总数为 8000。

第二步，根据本章第二节中对系统中的穿梭机器人和提升机的作业时间进行分析，可得此时提升机单位时间的吞吐能力 $TPS_L=1125$，穿梭机器人单位时间的吞吐能力 $TPS_S=439$。

第三步，比较此时系统中提升机和需求的吞吐能力，$(n_l-1)\times TPS_L>TPS_r$，为了获取系统最小成本，需要减少提升机的数量，那么穿梭机器人需要进行跨巷道的运动，必须选择跨层跨巷道穿梭机器人仓储系统，根据本章第二节中的跨层跨巷道穿梭机器人仓储系统中提升机和穿梭机器人的作业时间分析，提升机和穿梭机器人的吞吐能力分别更新为 $TPS_L=667$，$TPS_S=297$；继续减少提升机数量使得 $(n_l-m+1)TPS_L \geqslant TPS_r$，且 $(n_S-n)TPS_L<TPS_r$，那么此时提升机数量 $n_l=6$。

第四步，减少 n 台穿梭机器人，使 $TPS_L \leqslant (n_S-n+1)TPS_S$ 且 $TPS_L>(n_S-n)TPS_S$，得到系统中穿梭机器人数量 $n_S=14$。

可得满足需求的系统选择类型为跨层跨巷道穿梭机器人仓储系统，系统中提升机和穿梭机器人数量分别为 6 和 14，且满足式（2-43）的要求，进而求得系统的最小成本为 710 万元。

第五节　本章小结

随着对拣选效率要求的不断提高，穿梭机器人仓储系统的应用场景也在不断增多。由于穿梭机器人仓储系统的种类众多，所以穿梭机器人仓储系统的适配选型作为系统设计前期的关键环节至关重要。其选型既要满足企业对货位数量和吞吐能力的要求，也要考虑系统总成本和单位成本的问题。

本章针对这一实际问题展开了研究，首先分别对单层穿梭机器人仓储系统、跨层穿梭机器人仓储系统和跨层跨巷道穿梭机器人仓储系统的布局和作业流程进行了介绍。其次对各系统中穿梭机器人和提升机的作业时间进行了分析，建立了系统总成本最小为目标的优化模型，设计了相应的启发式求解算法，仿真和实验验证了算法的有效性和准确性。最后通过45种不同实验场景的结果得到了不同情况下的具体选型方案，总结了货位数、吞吐能力与系统总成本和单位成本之间的关系，明确了在系统选型阶段不仅要考虑系统总成本，也要兼顾单位吞吐量的成本。

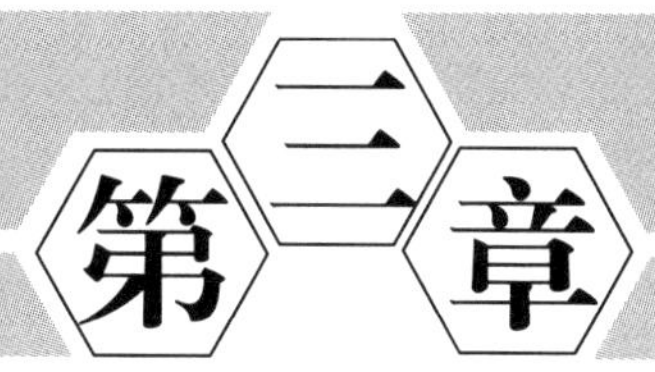

第三章 转载穿梭机器人仓储系统设备配置问题优化

第二章研究了穿梭机器人仓储系统的适配选型，在选定系统类型之后，下一个重要的设计环节就是系统的配置问题，本章选取带转载的穿梭机器人仓储系统作为研究对象，对其系统进行了分析，提出了系统的拣选效率和拣选时间的有效的评估方法，建立了以系统总成本最小和系统吞吐能力最大为目标的多目标优化模型，设计了基于初始粒子群优化的改进多目标粒子群算法，求解了使系统成本最小的最优配置（即存储货架的层数、巷道数、列数以及拣选数量和提升机的数量）。最后，通过实验总结归纳出系统的不同配置对系统成本的影响规律。通过此方法可以在控制最小成本的情况下，为设计规划人员设计出更为合理的系统提供了指导意义。

第一节　布局介绍和作业流程

跨巷道穿梭机器人仓储系统（Shuttle Based System/Retrieval System with Transfer，T-SBS/RS）是 SBS/RS 系统的一种，是由高层立体货架、穿梭机器人、出入库高速提升机、拣选站台、缓存区以及输送线组成。穿梭机器人可以在水平方向上进行载货移动，高速提升机在垂直方向上进行运动，转载穿梭机器人可以将不同巷道的货物运输至同一个拣货台，使该系统可以跨巷道地进行拣货作业，缩短其订单的拣选时间。

一、布局介绍

T-SBS/RS 的每一层的布局配置如图 3-1 所示。在 T-SBS/RS 系统中，一般用周转箱作为容器放置在货架上存储货位，以方便拣选，从而实现货物的密集存储。由图 3-1 可知，每个存储巷道两边各有一排货架，每一排货架上的一个白色方格为一个存储货位，可放置一个周转箱。穿梭机器人负责货物水平方向上的运动，提升机负责货物垂直方向上的运动。穿梭机器人又分为转载穿梭机器人和巷道穿梭机器人。在每一层的立体货架中，都有一台巷道穿梭机器人负责货物的 X 方向的水平移动。

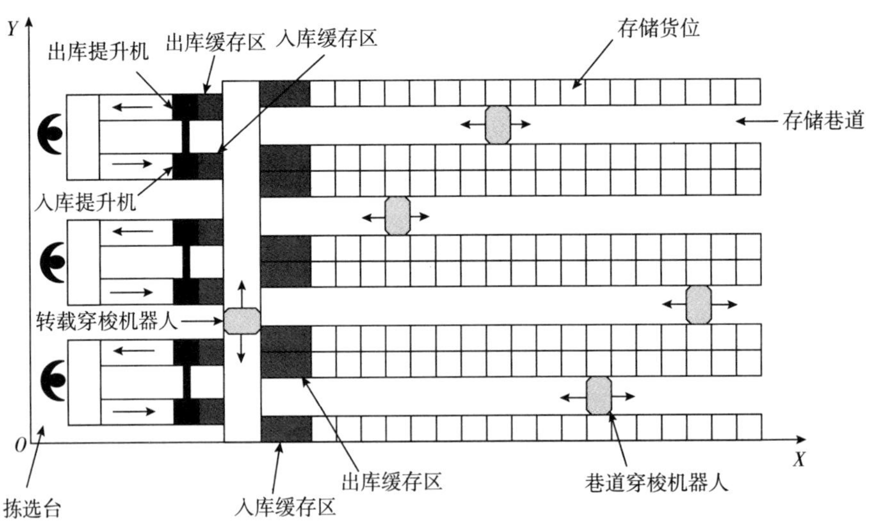

图 3-1　T-SBS/RS 布局配置

资料来源：笔者绘制。

在每个巷道的立体货架前段，都有一组高速提升机（即一台负责入库的高速提升机和一台负责出库的高速提升机）负责货物的垂直方向上的移动。每一组的高速提升机只服务一个拣选站台，在拣选站台和提升机之间依靠输送机进行货物的输送。和传统的 SBS/RS 系统相比，T-SBS/RS 系统的一大优势就是在每一层中都有一辆转载穿梭机器人负责货物 Y 方向上的水平移动，这样货物可以通过转载穿梭机器人进行跨巷道的作业，大大提高了系统的灵活性，拣选任务可以直接拣选到单个订单上。图 3-1 中的灰色区域为缓存区，主要分为两个部分：一部分是在出入库提升机与转载穿梭机器人之间；另一部分在巷道穿梭机器人和转载穿梭机器人之间。主要功能就是用于暂时存放周转箱，减少周转箱占用穿梭机器人和提升机的时间，提高穿梭机器人和提升机的作业效率，提高吞吐能力。

二、作业流程

在 T-SBS/RS 系统中，其分拣作业流程如图 3-2 所示。批量订单经过处理之后，由 WCS 系统生成拣选任务下发到 T-SBS/RS 系统中。拣选任务到达之后，首先请求目标货物所在巷道的巷道穿梭机器人进行服务，若当前巷道的巷道穿梭机器人正在进行其他任务的时候，则该拣选任务进入到等待的序列等待该巷道穿梭机器人服务完成；若该巷道的巷道穿梭机器人空闲，则该巷道穿梭机器人响应该拣选任务并到达该目标货物所在的货位搂取货物。

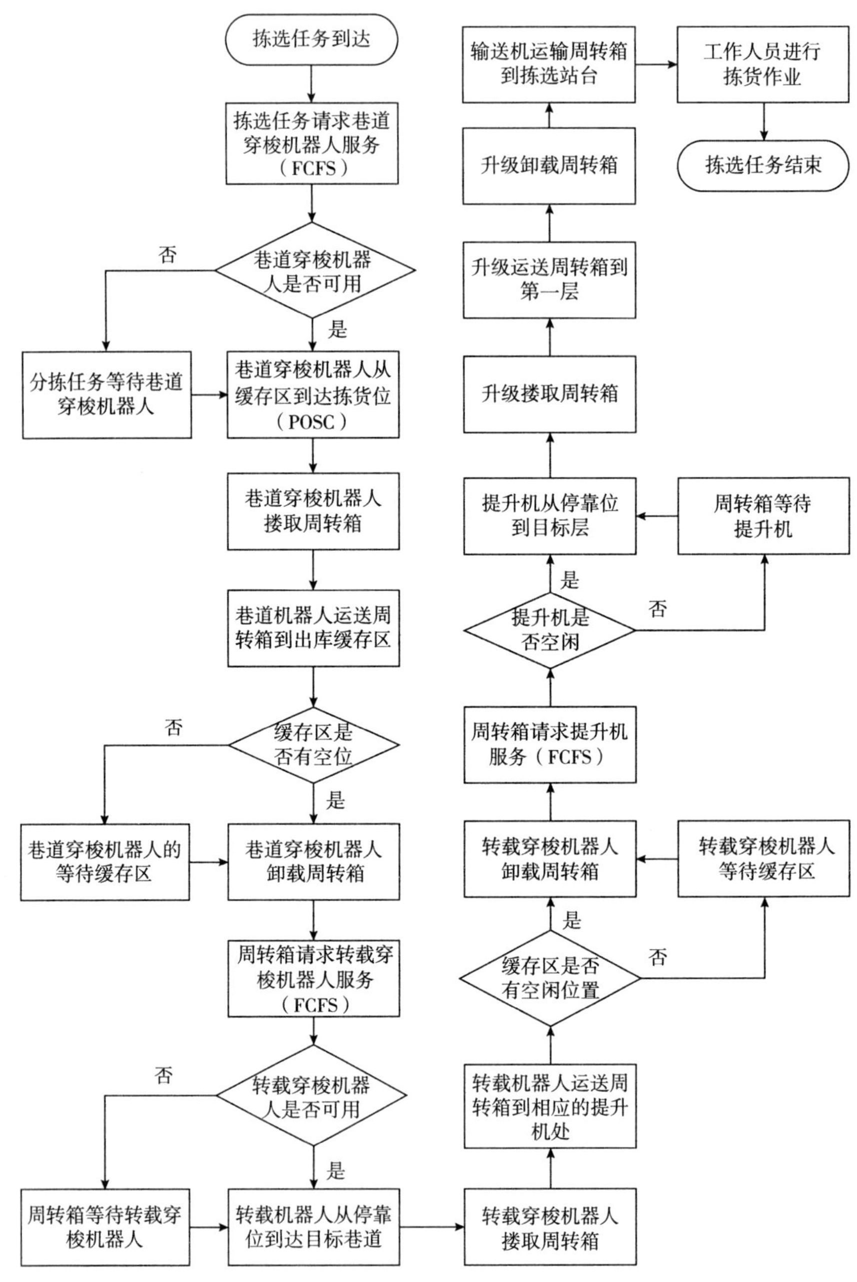

图 3-2　分拣作业流程

资料来源：笔者绘制。

其次沿着该巷道的导轨运行，把目标货物的周转箱运送至出库缓存区，此时若该出库缓存区已满，则该巷道穿梭机器人需要进入等待状态，等待出库缓存区空闲；若出库缓存区处于空闲状态，则该巷道穿梭机器人卸载货物周转箱并进入空闲状态等待新的拣选任务的到来。放置在出库缓存区的货物周转箱按照先后顺序依次请求转载穿梭机器人，转载穿梭机器人按照 FCFS 原则执行任务，转载穿梭机器人完成任务之后，周转箱请求出库提升机进行服务，如果出库提升机在服务状态中，那么周转箱进行等待；如果出库提升机此时空闲，提升机响应周转箱请求执行新的任务，将周转箱运送至一层并卸载在输送机上，由输送机将货物周转箱运输到对应的拣货台，最后工人从周转箱中拣选货物，完成拣货作业。

第二节　作业时间分析

结合实际 T-SBS/RS 系统的运行情况，现对此系统做出了以下假设及参数：

（1）遵循 POSC（Point-of-Service-Completion）原则，即穿梭机器人和提升机完成任务之后，就停靠在上个任务完成的位置。

（2）遵循 FCFS（First-Come First-Served）原则，即穿梭机器人、提升机以及拣货台均按照先到先服务的原则对接收到的请求进行服务。

（3）随机存储策略，即拣选订单任务命中的存储货位的概率都是相同的。

（4）提升机和穿梭机器人同一拣选任务的情况下，只能运输一个货物周转箱。

（5）拣选订单的到达率服从参数为 λ 的泊松分布，且每个服务设备的服务时间均服从一般分布。

（6）每台服务设备承载周转箱的数量不超过 1 个。

主要参数：

λ_r：拣选任务的达到率（即单位时间每小时内系统接收到的任务数量）。

n_A：T-SBS/RS 系统中巷道的数量。

n_T：T-SBS/RS 系统中的存储层数。

n_C：T-SBS/RS 系统中存储列的列数。

n：T-SBS/RS 系统中的存储货位的总数量，即（$2 \times n_A \times n_T \times n_C$）。

n_P：系统中提升机的组数也是拣选站台的数量。

μ_P：每个拣选站台的拣选效率（即单位时间每小时内每个拣选站台的拣选量）。

w_A：单个存储巷道的宽度。

h_T：单层存储货架的高度。

l_S：单个存储货位的长度。

w_S：单个存储货位的宽度。

L_C：输送线的总长度。

v_{SA}：巷道穿梭机器人的平均速度。

v_{SC}：转载穿梭机器人的平均速度。

v_l：提升机的平均速度。

v_C：输送机的平均速度。

W_{shelf}：存储货架的宽度。

L_{shelf}：存储货架的长度。

H_{shelf}：存储货架的高度。

本章对 T-SBS/RS 系统的性能分析主要从以下几方面进行；从系统的构建总成本、系统完成一个订单拣选所用的时间和系统的拣选效率这三个方面进行。

第一个方面：系统的构建总成本包括由货架的成本和设备的成本也就是穿梭机器人、提升机等的成本构成。可以通过以下公式计算得出：

$$C_M=(C_{SA}\times n_A+C_{SC})\times n_T+C_L\times n_P+C_S\times(2\times n_T\times n_C\times n_A) \tag{3-1}$$

式中，C_{SA} 是巷道穿梭机器人的单价，C_{SC} 是转载穿梭机器人的单价，C_L 是一组提升机的单价，C_S 是单个存储货位的货架价格。

由式（3-1）可知，第一部分是穿梭机器人的总成本，第二部分是提升机的总成本，第三部分是立体货架的总成本。其中，穿梭机器人和提升机的单价远远大于存储货位的货架价格。这三者的数量均与系统巷道的数量 n_A、货架的层数 n_T、提升机的数量 n_P 有关系，那么这三个参数的变数会导致系统成本的变化。

第二个方面：系统完成一个订单拣选所用的时间是指订单进入系统到离开系统所经历的时间。由图 3-3 可知，系统的订单拣选周期等于巷道车、转载车、提升机的运行时间和等待巷道车、转载车、提升机的时间总和。那么本章在只考虑拣选出库任务的情况下，那么订单拣选周期（T_0）的计算可以用式（3-2）表示：

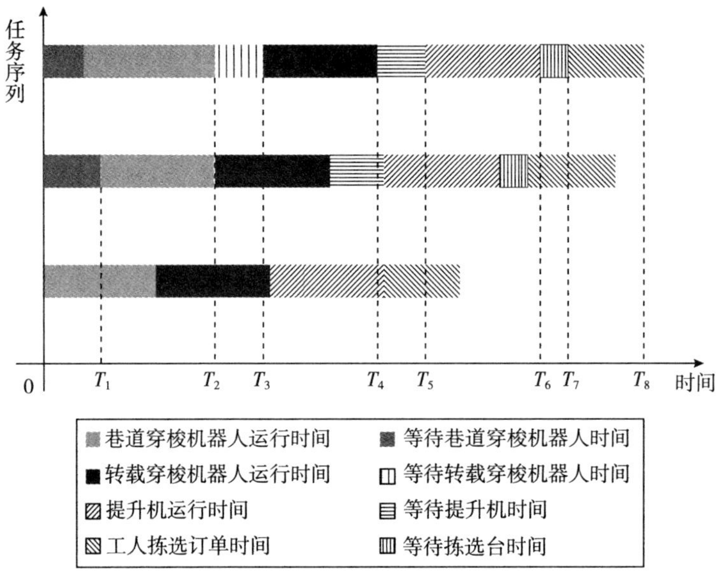

图 3-3　设备作业时间进程

资料来源：笔者根据材料绘制。

$$T_0 = \sum_{i=1}^{8} T_i,\ i = 1,\ 2,\ \cdots,\ 8 \tag{3-2}$$

式中，T_1、T_3、T_5、T_7 分别是拣选订单等待巷道穿梭机器人的时间、周转箱等待转载穿梭机器人进行转载的时间、周转箱等待提升机服务的时间和在缓存区等待工人进行拣选的时间，与拣选任务的到达率，穿梭机器人、提升机、拣选台的分拣效率和缓存区的缓存能力大小等指标有关系。假设等待响应的时间为 t_w，当前服务设备申请下一个服务设备服务的任务为第 n 个，那么等待时间可以表示为：

$$t_w=\begin{cases}T(n-1)-T'(n), & T'(n)<T(n-1)\\0, & T'(n)\geqslant T(n-1)\end{cases} \tag{3-3}$$

T_2 是巷道穿梭机器人的运行时间，这个时间包括巷道穿梭机器人从出库缓存区到目标拣选货位的时间（t_1），巷道穿梭机器人搂取周转箱所用的时间（t_2），巷道穿梭机器人运输周转箱到出库缓存区所用的时间（t_3）和巷道穿梭机器人卸载周转箱所用的时间（t_4）。这里的 t_2 和 t_4 是相同的，都等于 t_p，指的是设备（巷道穿梭机器人、转载穿梭机器人和提升机）搂取或者卸载周转箱所用的时间。假设巷道穿梭机器人的运行距离都是出库缓存区到目标拣选货位处为 l（x）：

$$l(x)=n_C(x)\times w_S \tag{3-4}$$

且根据图 3-4 穿梭机器人和提升机的运动特征，那么巷道穿梭机器人的运行时间为：

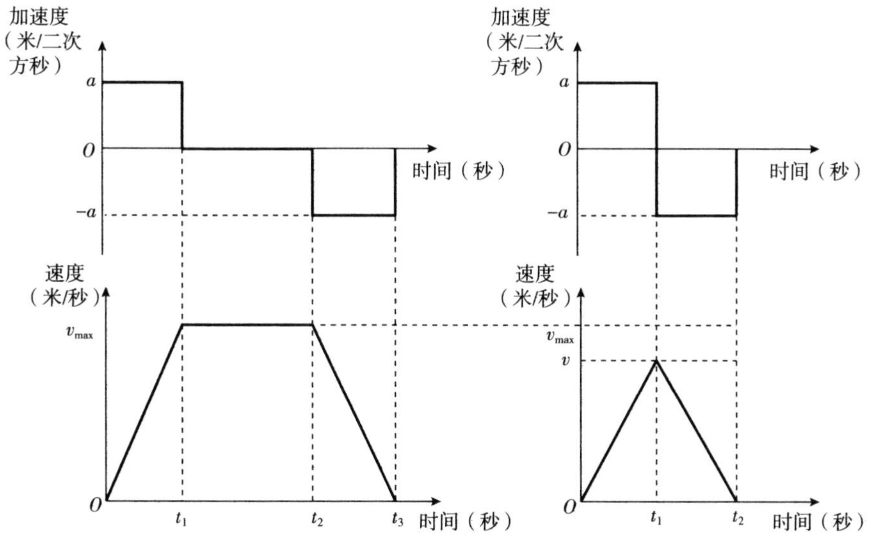

图 3-4　穿梭机器人和提升机的运动特征

资料来源：笔者根据材料绘制。

$$t_1=t_3=t(x)=\begin{cases}2\times\dfrac{v_{SA}}{a_{SA}}+\dfrac{l(x)-\dfrac{v_{SA}^2}{a_{SA}}}{v_{SA}}, & l(x)>\dfrac{v_{SA}^2}{a_{SA}}\\ 2\sqrt{\dfrac{l(x)}{a_{SA}}}, & l(x)\leqslant\dfrac{v_{SA}^2}{a_{SA}}\end{cases}\tag{3-5}$$

由于巷道穿梭机器人完成一个拣选任务的时间为 t_2，那么单位时间内巷道穿梭机器人的最大拣选量 TPS_A 为：

$$TPS_A=\frac{3600}{t_1+t_2+t_3+t_4}\times n_A\times n_T\tag{3-6}$$

t_4 是转载穿梭机器人的运行时间，这个时间包括转载穿梭机器人从当前停靠位到目标巷道的行走时间（t_5），转载穿梭机器人从出库缓存区搂取周转箱所用的时间（t_6），转载穿梭机器人运输周转箱到对应提升机处所用的时间（t_7）和转载穿梭机器人卸载周转箱所用的时间（t_8）。同样地，$t_6=t_8=t_p$；且假设转载穿梭机器人运行的距离为 $l(y)$：

$$l(y)=n_A(y)\times(w_A+2l_S)\tag{3-7}$$

那么转载穿梭机器人的运行时间为：

$$t_5=t_7=t(y)=\begin{cases}2\times\dfrac{v_{SC}}{a_{SC}}+\dfrac{l(y)-\dfrac{v_{SC}^2}{a_{SC}}}{v_{SC}}, & l(y)>\dfrac{v_{SC}^2}{a_{SC}}\\ 2\sqrt{\dfrac{l(y)}{a_{SC}}}, & l(y)\leqslant\dfrac{v_{SC}^2}{a_{SC}}\end{cases}\tag{3-8}$$

由于转载穿梭机器人完成一个拣选任务的时间为 T_4，那么单位时间内转载穿梭机器人的最大转载量 TPS_C 为：

$$TPS_C=\frac{3600}{t_5+t_6+t_7+t_8}\times n_T\tag{3-9}$$

t_6 是提升机的运行时间，这个时间包括提升机从一层运行至目标层所用的时间（t_9），提升机从出库缓存区搂取周转箱所用的时间（t_{10}），提升机运送周转箱到第一层所用的时间（t_{11}）和提升机卸载周转箱所用的时间（t_{12}）。其中 $t_{10}=t_{12}=t_p$；且假设提升机运行的距离为 l（z）：

$$l(z)=n_T(z)\times h_T \tag{3-10}$$

那么提升机运行的时间为：

$$t_9=t_{11}=t(z)=\begin{cases}2\times\dfrac{v_l}{a_l}+\dfrac{l(z)-\dfrac{v_l^2}{a_{SC}}}{v_{SC}}, & l(z)>\dfrac{v_l^2}{a_l}\\ 2\sqrt{\dfrac{l(z)}{a_l}}, & l(z)\leqslant\dfrac{v_l^2}{a_l}\end{cases} \tag{3-11}$$

由于提升机完成一个拣选任务的时间为 T_6，那么单位时间内提升机的最大运输量 TPS_L 为：

$$TPS_L=\frac{3600}{t_9+t_{10}+t_{11}+t_{12}}\times n_p \tag{3-12}$$

T_8 是拣货站台进行拣选作业的时间，包括周转箱在输送线上的运行时间（t_{13}）和工人进行拣选作业所需要的时间（t_{14}），且周转箱在输送线上是匀速运动。那么拣货站台的最大拣货量 TPS_P 为：

$$TPS_P=\mu_p\times n_p \tag{3-13}$$

第三个方面：系统的拣选效率是指在单位时间内系统的分拣量。由于在系统中，各个服务机构（巷道穿梭机器人、转载穿梭机器人和提升机）的运行是相对独立的，并且处理任务的时间各不相同，那么就会存在等待的时间，这样就会产生相互影响，系统的最大分拣量会受到效率最低的设备的限制。那么根据式（3-6）、式（3-9）、式（3-12）、式

（3-13）可知，系统的最大吞吐量 $TPS_{\max}$ 为：

$$TPS_{\max}=\min(TPS_A,\ TPS_C,\ TPS_L,\ TPS_P) \tag{3-14}$$

第三节　建模及求解

一、模型建立

本章在构建 T-SBS/RS 系统的过程中，其系统的总成本包括巷道和转载穿梭机器人的成本、提升机的成本和货架的成本三个部分。那么系统成本的目标函数一如式（3-15）所示：

$$\min C_M=(C_{SA}\times n_A+C_{SC})\times n_T+C_L\times n_P+C_S\times(2\times n_T\times n_C\times n_A) \tag{3-15}$$

在考虑成本的同时，我们还要使系统得到最大吞吐量，那么系统最大吞吐量的目标函数二如式（3-16）所示：

$$\begin{aligned}\max TPS&=\min(TPS_A,\ TPS_C,\ TPS_L,\ TPS_P)\\&=\min\left(\frac{3600}{t_1+t_2+t_3+t_4}\times n_A\times n_T,\ \frac{3600}{t_5+t_6+t_7+t_8}\times n_T,\ \frac{3600}{t_9+t_{10}+t_{11}+t_{12}}\times n_P,\ \mu_P\times n_P\right)\end{aligned} \tag{3-16}$$

其需要优化的决策变量为：

$$x=(n_T,\ n_A,\ n_C,\ n_P) \tag{3-17}$$

假设 TPS_r 为客户需要的至少要达到的系统最大效率。N_r 为客户需要的系统的存储容量。T_r 为客户要求的系统完成的一个订单的拣选周期。那么还要使其满足：

$$TPS_{max} \geqslant TPS_r \tag{3-18}$$

$$2 \times n_A \times n_T \times n_C \geqslant N_r \tag{3-19}$$

$$T_0 \leqslant T_r \tag{3-20}$$

为了便于求解此问题，将此多目标问题转化为：

$$\min C_M = (C_{SA} \times n_A + C_{SC}) \times n_T + C_L \times n_P + C_S \times (2 \times n_T \times n_C \times n_A) \tag{3-21}$$

$$\text{s.t.}\begin{cases} TPS_L \geqslant TPS_r \\ TPS_C \geqslant TPS_r \\ TPS_A \geqslant TPS_r \\ TPS_P \geqslant TPS_r \\ 2 \times n_A \times n_T \times n_C \geqslant N_r \\ T_0 \leqslant T_r \\ n_A,\ n_T,\ n_C,\ n_P \in (1,\ 2,\ 3,\ \cdots,\ n) \end{cases} \tag{3-22}$$

二、改进粒子群算法设计

粒子群算法（PSO）是一种模仿鸟群觅食行为的仿生算法，通过单个粒子与群体之间的信息共享来更新粒子的速度和位置。PSO 算法属于进化算法的一种，它从随机解出发，通过迭代寻求最优解，通过适应度来评价解的品质，其算法规则更为简单，通过追随当前搜索到的最优解，这种算法实现容易、精度高、收敛快。

PSO 初始化为一群随机粒子，然后通过迭代找到最优解。在每一次的迭代中，粒子通过跟踪两个“极值”（p_{best}，g_{best}）来更新自己。在找到两个极值后，粒子通过以下公式来更新自己的速度和位置：

$$v_i = v_i + c_1 r_1 (p_{best,i} - x_i) + c_2 r_2 (g_{best,i} - x_i) \tag{3-23}$$

$$x_i = x_i + v_i \tag{3-24}$$

式中，v_i 是粒子的速度，x_i 是粒子当前的位置，r_1 和 r_2 是介于（0，1）的随机数，c_1 和 c_2 是学习因子，通常 $c_1 = c_2 = 2$。式（3-23）中的第一部分表示上次粒子速度大小和方向的影响；第二部分表示粒子的动作来源于自己经验的部分；第三部分是一个从当前点指向种群最好的矢量，反映了粒子间的协同合作和知识共享。粒子就是通过自己的经验和同伴中最好的经验来决定下一步的运动。

本节的目标函数是使在满足要求的吞吐能力和存储容量的情况下系统的总成本最小。在粒子群算法的不断迭代中需要对各个粒子的极值和粒子群的极值进行替换保留，通常我们会取目标函数的倒数为适应度函数，而我们这个目标函数的值比较大，所以为方便后续观察对比，可以使目标函数的倒数放大1000倍，即第 m 代种群中第 n 个粒子的适应度函数的计算公式为式（3-25）：

$$f_{m,n} = \frac{1000}{C_{M_{m,n}}} \tag{3-25}$$

式中，$n \in \{1, 2, 3, \cdots, N\}$，$N$ 为每代的个体数目，$C_{M_{m,n}}$ 为第 m 代种群的第 n 个粒子的最小成本。

粒子的初始化参数对算法的检测能力、跟踪精度和时间复杂度三个方面的性能都有一定的影响。针对本章提出的问题，为了使得算法模型更加快速有效地进行，下面对初始粒子 X_0（n_{T0}，n_{A0}，n_{C0}，n_{P0}）进行优化。

第一步，对其中一个参数 n_T 进行确定，根据式（3-15）可知，系统中巷道穿梭机器人、转载穿梭机器人和高速提升机所占的成本比例较大，而巷道穿梭机器人和转载穿梭机器人均与 n_T 有关且成正比，那么在满足客户所需的存储数量 N_r 的前提下，使得 n_T 最小：

$$n_{T,\min}=\left\lceil\frac{N_r}{2\times n_{A,\max}\times n_{C,\max}}\right\rceil \tag{3-26}$$

$$n_{A,\max}=\left\lfloor\frac{W_{\text{shelf},\max}}{w_A+2l_S}\right\rfloor \tag{3-27}$$

$$n_{C,\max}=\left\lfloor\frac{L_{\text{shelf},\max}}{w_S}\right\rfloor \tag{3-28}$$

根据客户要求的吞吐能力，可得拣选台的数量：

$$n_P=\left\lceil\frac{TPS_r}{\mu_p}\right\rceil \tag{3-29}$$

令此时的 $n_{T0}=n_{T,\min}$，那么：

$$n_{A0}=\left\lceil\frac{N_r}{2\times n_{T0}\times n_{C,\max}}\right\rceil \tag{3-30}$$

$$n_{C0}=\left\lceil\frac{N_r}{2\times n_{T0}\times n_{A0}}\right\rceil \tag{3-31}$$

第二步，对此决策变量进行评估。通过式（3-14）可以求得此时系统的单位时间内最大拣选量 TPS_0，通过与客户的需求的单位时间内最大拣选量 TPS_r 进行对比，如果此时 $TPS_0\geq TPS_r$，那么就证明此时的系统配置可以满足客户的需求，那么此 X_0 就可以作为初始粒子；如果此时

$TPS_0<TPS_r$，说明此时系统某环节存在拣选效率低的瓶颈，要通过第三步进行进一步分析，来提高系统的分拣效率，从而得到较优的初始粒子。

第三步，由式（3-29）可知，拣选台的效率已经满足客户要求的效率，那么这里就只需要分析巷道穿梭机器人、转载穿梭机器人和提升机的吞吐能力即可。通过式（3-6）、式（3-9）和式（3-12）可以计算出巷道车、转载车和提升机的吞吐能力分别为 TPS_{A0}、TPS_{C0}、TPS_{L0}。若 $TPS_{\max,0}=\min(TPS_{A0}, TPS_{C0}, TPS_{L0}, TPS_P)=TPS_{A0}$，那么此时巷道穿梭机器人就是瓶颈，此时可以考虑增加层数或者增加巷道的数量来提高巷道穿梭机器人的服务效率，首先考虑增加层数，使 $n_{T0}=n_{T0}+1$ 作为新的 n_{T0}，那么对应的巷道数量和存储列的数量可以通过式（3-27）、式（3-28）求得，作为新的 n_{A0}、n_{C0}。

如果层数达到了最大限制，那么只能考虑在不超过仓库大小限制的情况下，通过增加巷道的数量来提高巷道穿梭机器人的拣选量，即 $n_{A0}=n_{A0}+1$；货架的层数不变，那么通过式（3-28）求出最新的列数 n_{C0}。

如果巷道穿梭机器人不是限制系统最大吞吐量的瓶颈，那么此时考虑转载穿梭机器人是否为瓶颈。如果转载穿梭机器人为瓶颈，即 $TPS_{\max,0}=\min(TPS_{A0}, TPS_{C0}, TPS_{L0}, TPS_P)=TPS_{C0}$，可以增加层数，然后根据式（3-27）、式（3-28）得出初始粒子。如果提升机是瓶颈，那么提升机的最大拣选量可以通过增加提升机的方式来得到提升，提升机的数量和拣选站台的数量相等，那么只需要重新更新拣选站台的数量进而进行评估优化。

通过以上步骤可以最终得出一个较优的初始粒子群 $X_0(n_{T0}, n_{A0},$

n_{C0}，n_{P0})。

本节通过引入一些启发式规则对初始粒子群进行优化，如图 3-5 所示，改进后的算法基本步骤为：

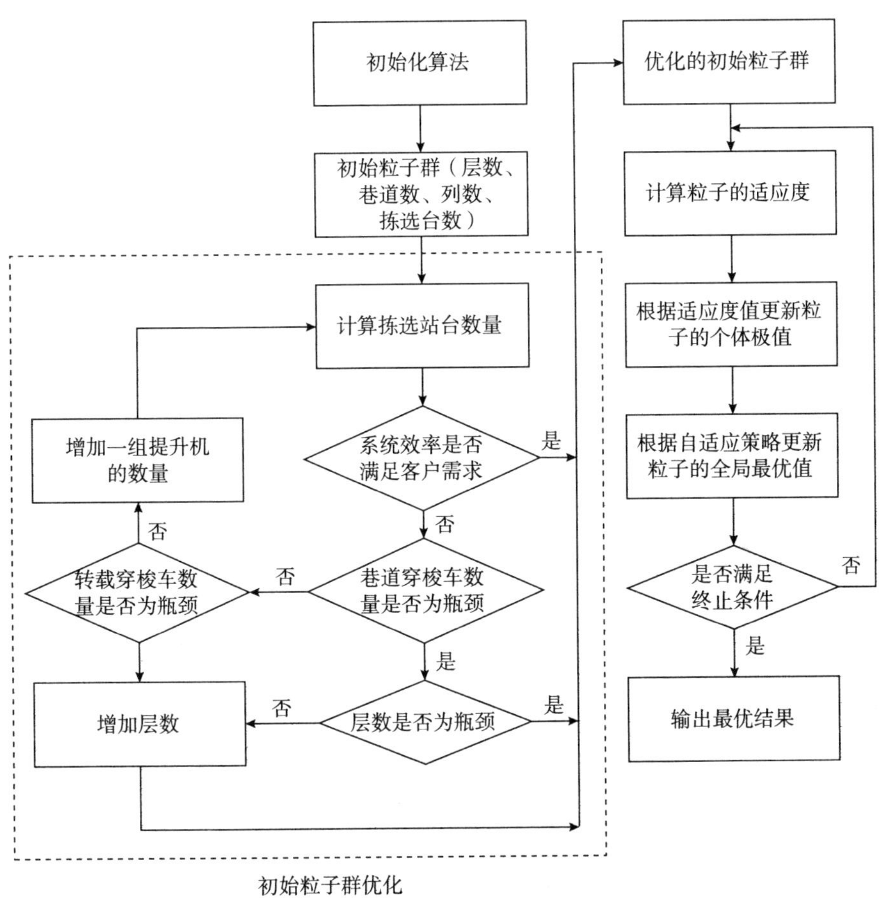

图 3-5 改进粒子群算法流程

资料来源：笔者绘制。

第一步，设置算法的初始化参数、粒子群规模、初始化速度和最大迭代次数。

第二步，对初始化粒子进行优化，生成指定规模数量的初始化粒子群。

第三步，分别计算粒子群中个体的适应度值。

第四步，对粒子的个体极值进行替换，并根据粒子的适应度值对全局最优解更新。

第五步，对自适应权重系数和学习因子对粒子的速度位置进行更换。

第六步，是否满足最大迭代次数，如果满足则输出最优结果，否则，转到第三步。

第四节　实验结果与分析

本章选取 T-SBS/RS 系统作为测试对象，根据实际项目中系统机械结构的特性及其参数，将进行三个实验。第一个实验对粒子群算法改进前后进行了对比，以验证改进算法的有效性。第二个实验采用改进的粒子群算法求解不同的目标函数，得到具体的可行解的集合。第三个实验研究了在 70 种不同情况下系统的最优配置。

所有实验均由 Inter（R）Core（TM）i5-3210M CPU@ 2. 50GHz 双核处理器 8. 00G 内存的计算机进行，算法在 MATLAB 2019b 上完成。

第一个实验首先设置改进粒子群算法和标准粒子群算法满足终止条

件的最大迭代次数为 200 次，每一代种群的粒子数 N 为 30，粒子的最大速度为系统中层数 n_T、巷道数 n_A 和列数 n_C 乘积的 0.01 倍，学习因子 c_1、c_2 均取值为 1。假设 $N_r=1000$，$TPS_r=1500$，其他参数数值如表 3-1 所示，系统设备成本如表 3-2 所示。

表 3-1　T-SBS/RS 系统的主要参数

参数	数值
单个存储货位的长度（米）	0.8
单个存储货位的宽度（米）	0.8
单个存储巷道的宽度（米）	1.4
单层存储货架的高度（米）	1
巷道穿梭机器人的最大速度（米/秒）	2
转载穿梭机器人的最大速度（米/秒）	3
高速提升机的最大速度（米/秒）	6
巷道穿梭机器人的加速度（米/二次方秒）	2
转载穿梭机器人的加速度（米/二次方秒）	2
高速提升机的加速度（米/二次方秒）	6
拣选台输送线的长度（米）	4
单个拣选台的拣选效率（箱/小时）	360
输送线的平均输送速度（米/秒）	0.7
搂取或者卸载周转箱的时间（秒）	2

资料来源：笔者根据材料绘制。

表 3-2　系统设备成本　　单位：万元

巷道穿梭机器人单价	转载穿梭机器人单价	一组高速提升机单价	单个货位的成本
15	15	30	0.04

资料来源：笔者根据材料绘制。

将改进前后的粒子群算法分别运行 50 次，分别统计了两种算法寻求最优解的结果如表 3-3 所示：

表 3-3　寻找最优结果对比

算法	实验次数								
	1	2	3	4	5	6	7	8	9
PSO	730. 32	730. 32	685. 48	730. 32	730. 32	685. 48	730. 32	730. 32	685. 48
IPSO	685. 48	685. 48	685. 48	685. 48	685. 48	730. 32	685. 48	685. 48	685. 48
	10	11	12	13	14	15	16	17	18
PSO	685. 48	731. 04	730. 32	685. 48	776. 60	790. 96	730. 32	685. 48	731. 04
IPSO	685. 48	685. 48	685. 48	685. 48	685. 48	730. 32	685. 48	685. 48	685. 48
	19	20	21	22	23	24	25	26	27
PSO	730. 32	685. 48	731. 04	730. 32	685. 48	776. 60	790. 96	731. 04	730. 32
IPOS	685. 48	685. 48	685. 48	685. 48	730. 32	685. 48	685. 48	685. 48	685. 48
	28	29	30	31	32	33	34	35	36
PSO	685. 48	731. 04	730. 32	730. 32	685. 48	731. 04	730. 32	685. 48	730. 32
IPSO	685. 48	685. 48	685. 48	685. 48	730. 32	685. 48	685. 48	685. 48	685. 48
	37	38	39	40	41	42	43	44	45
PSO	685. 48	776. 60	790. 96	730. 32	790. 96	730. 32	731. 04	730. 32	685. 48
IPSO	685. 48	685. 48	685. 48	685. 48	730. 32	685. 48	685. 48	685. 48	685. 48
	46	47	48	49	50				
PSO	730. 32	731. 04	730. 32	685. 48	776. 60				
IPSO	685. 48	685. 48	685. 48	685. 48	730. 32				

资料来源：笔者根据实验结果绘制。

从表 3-3 可以看出，标准粒子群算法在进行 50 次实验每次迭代次数为 200 的寻找最优解的过程中，只找到了 14 次最优解 685. 48，而改进的粒子群算法在进行 200 次迭代寻找最优解的过程中，找到了 44 次最优解 685. 48。

为了对两种算法进行全面的比较，在不限制迭代次数的情况下，分别在 10 种不同情况下运行 50 次，设置算法终止条件为实验结果进行了收敛，然后我们统计每一种情况下的 50 次运行的迭代次数并取平均值。通过统计，我们得到了这 10 种不同情况下的平均迭代次数，如表 3-4 所示。

表 3-4 迭代次数对比

吞吐量	算法	货位数的需求量				
		1000	2000	3000	4000	5000
500	PSO	35	89	135	187	223
	IPSO	11	23	37	53	81
1000	PSO	57	129	194	234	267
	IPSO	24	33	53	77	93

资料来源：笔者根据实验结果绘制。

综上所述，改进的粒子群算法较标准的粒子群算法无疑在全局范围内搜索最优解的能力更具有稳定性，并且收敛的速度更快，使算法的结果更加准确。

第二个实验中穿梭机器人仓储系统的主要参数的设置如表 3-1 所示，系统的其他假设和模型一致，即随机存储策略，遵循 POSC 原则和 FCFS 原则。本章考虑从以下三种情况进行仿真分析，客户要求的货架容量和单位时间内的吞吐量分别为 $N_r = 1000$、$TPS_r = 1500$，$N_r = 1000$、$TPS_r = 2500$，$N_r = 3000$、$TPS_r = 2500$。

本实验考虑的系统的吞吐量，即 $1500h^{-1}$、$2500h^{-1}$、$2500h^{-1}$，那么对

应的拣货站台的输出量为1500、2500、2500，那么根据 $n_P=\lceil TPS_r/\mu_P \rceil$，即拣货站台的数量分别对应为5、7、7这三种情况，那么决策变量转化为 $X(n_T,\ n_A,\ n_C)$。

对三种情况进行仿真得到如图3-6所示不同情况下目前函数的可行解集合，由于在 $N_r=3000$、$TPS_r=2500$ 的情况下，提升机数量等于拣选

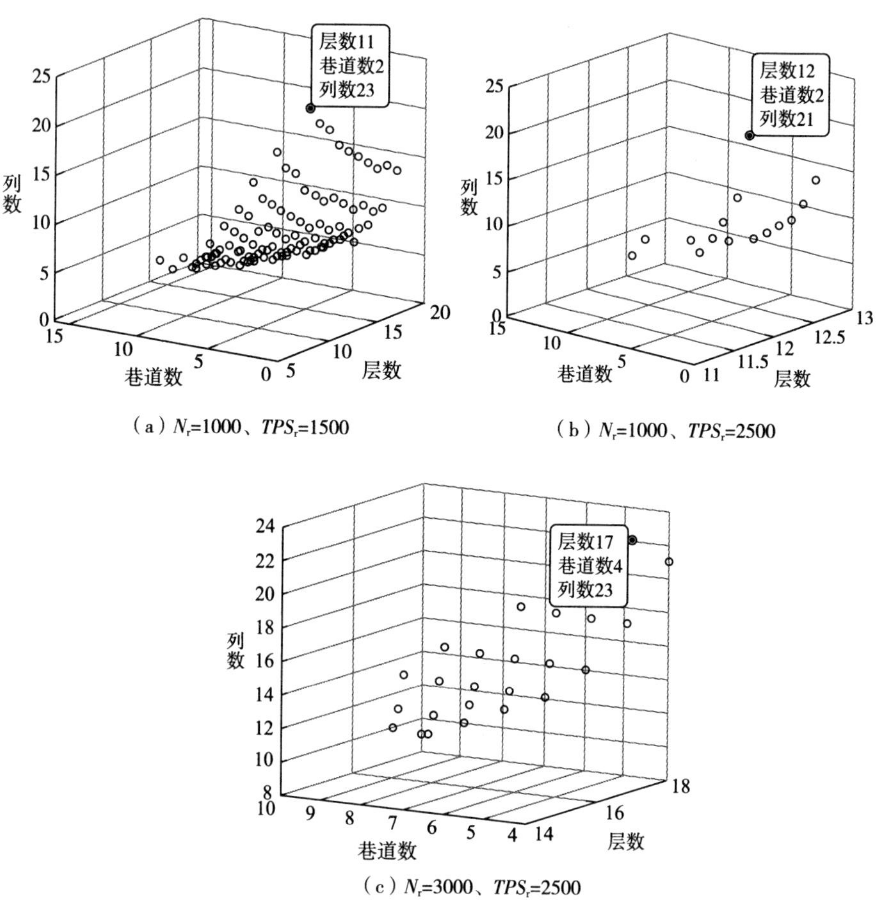

（a）N_r=1000、TPS_r=1500

（b）N_r=1000、TPS_r=2500

（c）N_r=3000、TPS_r=2500

图3-6 不同情况下目标函数的可行解集合

资料来源：笔者根据实验结果绘制。

台数量等于 7 的时候，目标函数无可行解，那么通过本章第三节对初始粒子的优化步骤，拣选台的数量优化为 8，所以通过最终求解可以得出这三种情况下系统的最优解分别为 $x=$（11，2，23，5），$x=$（12，2，21，7），$x=$（17，4，23，8）。通过最优解在可行解中的位置情况可以看出，系统成本较小的情况需要同时满足列数较大和巷道数较少两个条件。在设计系统的过程中，可以考虑在不超过仓库大小的限制以及满足客户要求的最大吞吐能力条件下，优先对列和巷道进行布局。

第三个实验为了进一步探究在 T-SBS/RS 系统中，系统吞吐能力、存储容量和成本之间的关系。下面将客户需求的系统容量设置为 $N_r\in$（1000，2000，3000，…，10000），客户需求的系统的单位时间的吞吐量为 $TPS_r\in$（500，1000，1500，…，3500）。

通过对以上 70 种情况分别放到所建模型中各进行 50 次实验并取平均，得到最优解如表 3-5 所示。通过图 3-7 可以看出随着货位数量和单位时间内系统拣选能力要求的不断提高，系统的构建成本会增加。那么在设计系统的时候，要充分研究客户所需的吞吐能力，合理对系统的结构及穿梭机器人和提升机进行配置，以降低投入成本。

表 3-5　不同条件下系统的最优配置参数

吞吐量	参数	存储容量									
		1000	2000	3000	4000	5000	6000	7000	8000	9000	10000
500	层数	5	5	4	5	4	4	5	5	5	5
	巷道数	2	3	5	5	6	6	6	7	7	7
	列数	50	67	75	80	105	125	117	115	129	143
	提升机	2	2	2	2	2	2	2	2	2	2
	成本	325	440	540	670	682	720	866	982	1021	1060

续表

吞吐量	参数	存储容量									
		1000	2000	3000	4000	5000	6000	7000	8000	9000	10000
1000	层数	6	7	7	7	8	8	8	8	9	9
	巷道数	3	3	3	4	4	4	5	5	5	5
	列数	28	48	72	72	79	94	88	100	100	112
	提升机	3	3	3	3	3	3	3	3	3	3
	成本	685	832	870	971	1011	1218	1257	1373	1590	1633
1500	层数	11	10	10	11	11	11	11	12	12	12
	巷道数	2	3	3	3	3	4	4	4	5	5
	列数	23	34	50	61	76	69	80	84	75	84
	提升机	5	5	5	5	5	5	5	5	5	5
	成本	715	801	841	1122	1163	1200	1512	1343	1665	1708
2000	层数	11	12	12	13	13	13	14	14	15	15
	巷道数	2	2	2	3	3	3	4	3	4	4
	列数	23	42	63	52	65	77	63	96	75	84
	提升机	6	6	6	6	6	6	6	6	6	6
	成本	715	801	841	1122	1163	1200	1512	1343	1665	1708
2500	层数	12	15	17	16	17	17	18	18	18	19
	巷道数	2	4	4	5	4	4	4	4	4	4
	列数	21	17	23	25	37	45	49	56	63	66
	提升机	7	7	8	8	8	8	8	8	8	8
	成本	790	1417	1640	1840	1716	1760	1872	1913	1953	2066
3000	层数	16	16	17	18	18	19	19	20	20	20
	巷道数	2	3	4	4	4	4	4	4	4	4
	列数	16	21	23	28	35	40	47	50	57	63
	提升机	9	9	9	9	9	9	9	9	9	9
	成本	1031	1311	1670	1781	1822	1938	1981	2090	2135	2173

续表

吞吐量	参数	存储容量									
		1000	2000	3000	4000	5000	6000	7000	8000	9000	10000
3500	层数	18	18	19	19	20	20	21	21	21	22
	巷道数	2	2	3	3	3	4	4	4	4	4
	列数	14	28	27	36	42	38	42	48	54	57
	提升机	10	10	10	10	10	10	10	10	10	10
	成本	1150	1191	1563	1604	1702	2043	2157	2198	2238	2351

资料来源：笔者根据实验结果绘制。

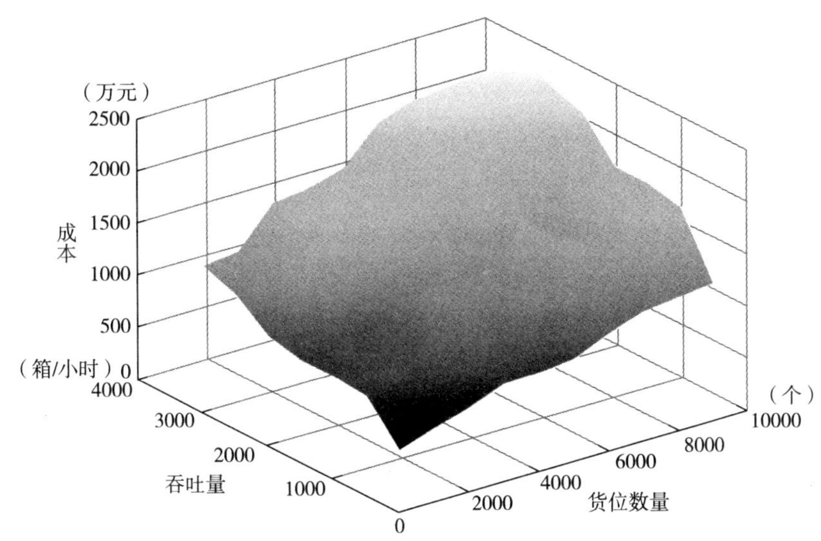

图 3-7 系统总成本变化趋势

资料来源：笔者根据实验结果绘制。

为了进一步验证实验结果，本节对一个实例进行了分析，实例的数据全部来自真实情况，主要来源于国内某知名 B2C 电商公司，其某区域配送中心采用跨巷道的穿梭机器人仓储系统，由国内某知名专注物流自动化设施设备研发的上市公司设计并施工完成。

通过截取该电商公司一年的真实订单分析并发现，该电商公司的客户订单具有多品种、小批量、多频次的特点，日均拣选量相对较大。分析可得该电商公司对系统单位时间内的拣选能力要求在2000/小时，且仓库的大小要求限制存储货架的长度为100米、宽度为30米、高度为10米。根据周转箱的大小，设计货格的尺寸为 $h_T=0.8$ 米、$l_S=0.8$ 米、$w_S=0.8$ 米，根据仓库的限制可得系统的参数配置要符合以下条件：$n_T\leqslant 12$，$n_A\leqslant 10$，$n_C\leqslant 125$。

由于仓库大小的限制，层高不能超过12层，那么只能增加巷道数以及增加提升机的数量来保证系统最大吞吐能力，通过表3-6得出的可行解可以分析出该电商公司的系统最佳配置方案是层数为8，巷道数为7，列数为90，拣选台的数量和提升机的组数为7。

表3-6　结果输出

层数	巷道数	列数	提升机数量	存储容量	吞吐能力	系统成本
8	**7**	**90**	**7**	**10080**	**2215**	**15732000**
8	8	79	6	10112	2057	16644800
9	7	80	7	10080	2492	16932000
9	8	70	7	10080	2314	18282000
9	9	62	6	10044	2160	19317600
9	10	56	6	10080	2025	20682000
10	8	63	8	10080	2571	19932000
10	9	56	7	10080	2400	21132000

续表

层数	巷道数	列数	提升机数量	存储容量	吞吐能力	系统成本
10	10	50	7	10000	2250	22600000
11	8	57	8	10032	2829	21262800
11	9	51	8	10098	2640	22939200
11	10	46	7	10120	2475	24298000

资料来源：笔者根据实验结果绘制。

第五节　本章小结

在穿梭机器人仓储系统设计初期，选定系统类型之后，就要对系统的具体配置进行优化。本章选取了带转载的穿梭机器人仓储系统作为研究对象，其依靠转载穿梭机器人实现了周转箱可跨巷道作业，比单层穿梭机器人仓储系统更具有柔性。

本章首先对带转载的穿梭机器人仓储系统的构成、布局做了介绍，梳理了其在单指令作业下的作业流程，对系统中转载穿梭机器人、巷道穿梭机器人、提升机以及拣选站台的作业时间进行了分析。其次建立了以系统总成本最小和系统吞吐能力最大为目标的多目标优化模型，设计了基于初始粒子群优化的改进粒子群算法。最后通过实例和实验验证了改进算法较标准算法的稳定性和准确性，得出了系统成本与系统配置之间的关系以及系统成本与系统存储容量、系统吞吐能力之间的关系。

第四章

跨巷道穿梭机器人仓储系统路径优化和结构设计问题研究

第三章介绍了依靠转载穿梭机器人实现周转箱可跨巷道作业的系统，虽然在拣选流程上实现了系统的跨巷道的拣选作业，但是由于穿梭机器人只能在巷道内作业，周转箱的横向移动需要依赖转载穿梭机器人进行，柔性上还有待提高。

本章选取一种带横向导轨的跨巷道穿梭机器人仓储系统作为研究对象，穿梭机器人可以通过横向导轨真正意义上的实现跨巷道的出入库作业，灵活性比较高，柔性更强。穿梭机器人在运行过程中存在加速和减速的运动特性，传统方法选择的最短路径并不一定是时间最少的路径。本书首先对穿梭机器人运行路径进行了优化，使穿梭机器人运行的路径路程最短且时间最少。其次对该系统建立了半开环排队网络绩效评估模型，分析了系统中穿梭机器人和提升机的作业时间，设计了基于 AMVA 的求解算法。最后通过实验验证了算法的有效性，总结了系统的层数、列数、巷道数等参数对系统性能的影响规律。

第一节　系统介绍

一、系统布局与流程

如图 4-1 所示，跨巷道穿梭机器人仓储系统（Corss-Aisles Shuttle Based System/Retrieval System，CASBS/RS）主要由高层立体货架、可直行可横向移动的穿梭机器人、可垂直方向运动的高速提升机和横向导轨组成。立体货架采用单深位的存储方式，每个存储货位均只放置一种 SKU，在货架的列与列之间都设置一个可供穿梭机器人沿 X 方向直行的存储巷道，在每列货架的中间隔固定的货位数设置可供穿梭机器人沿 Y 方向横向运动的横向导轨来实现穿梭机器人的跨巷道运行；在货架的最前端，有若干个高速提升机，来实现货物垂直向上的运动。

从该系统的结构布局上可以发现，该系统具有较高的灵活性和柔性，用户可以根据当前对系统货位数、成本，以及吞吐量的要求，灵活的配置提升机和穿梭机器人的数量。

CASBS/RS 系统在双指令作业下的流程如图 4-2 所示：

第一步，同层的入库任务和出库任务到达并同时绑定后，请求空闲提升机服务，如果提升机空闲，则该空闲提升机与该出入库任务进行绑定；如果没有空闲提升机，那么任务订单进入等待队列继续等待空闲提

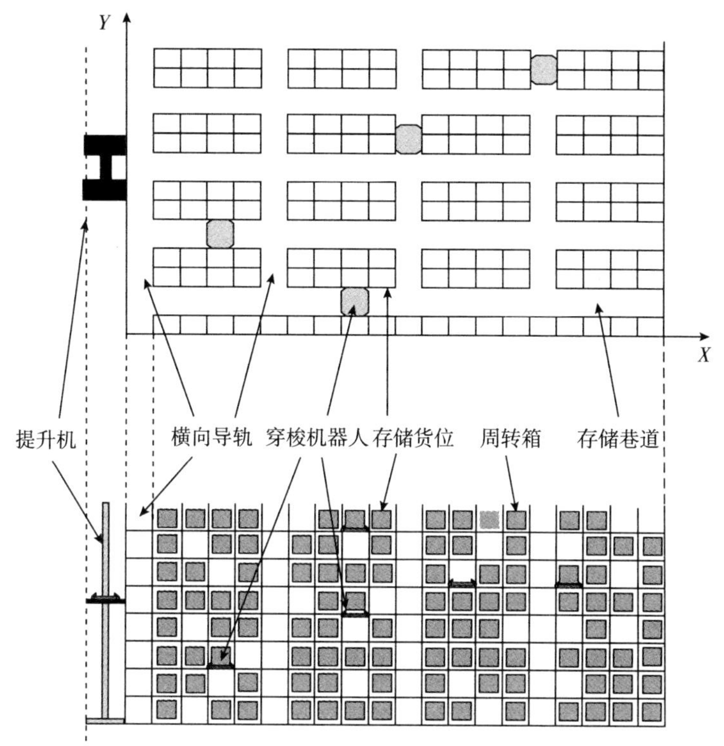

图 4-1 跨巷道穿梭机器人仓储系统

资料来源：笔者绘制。

升机与之匹配。

第二步，提升机搂取入库周转箱，并运行到入库目标层。

第三步，提升机请求匹配的空闲穿梭机器人服务，如果当前有穿梭机器人空闲，那么穿梭机器人运行到提升机处；如果无空闲穿梭机器人，那么提升机进入等待队列，等待空闲穿梭机器人与之匹配。

第四步，穿梭机器人行驶到提升机位置，搂取周转箱后，运行到目标存储货位，卸载周转箱。

第五步，穿梭机器人行驶到出库目标货位处，搂取待出库周转箱。

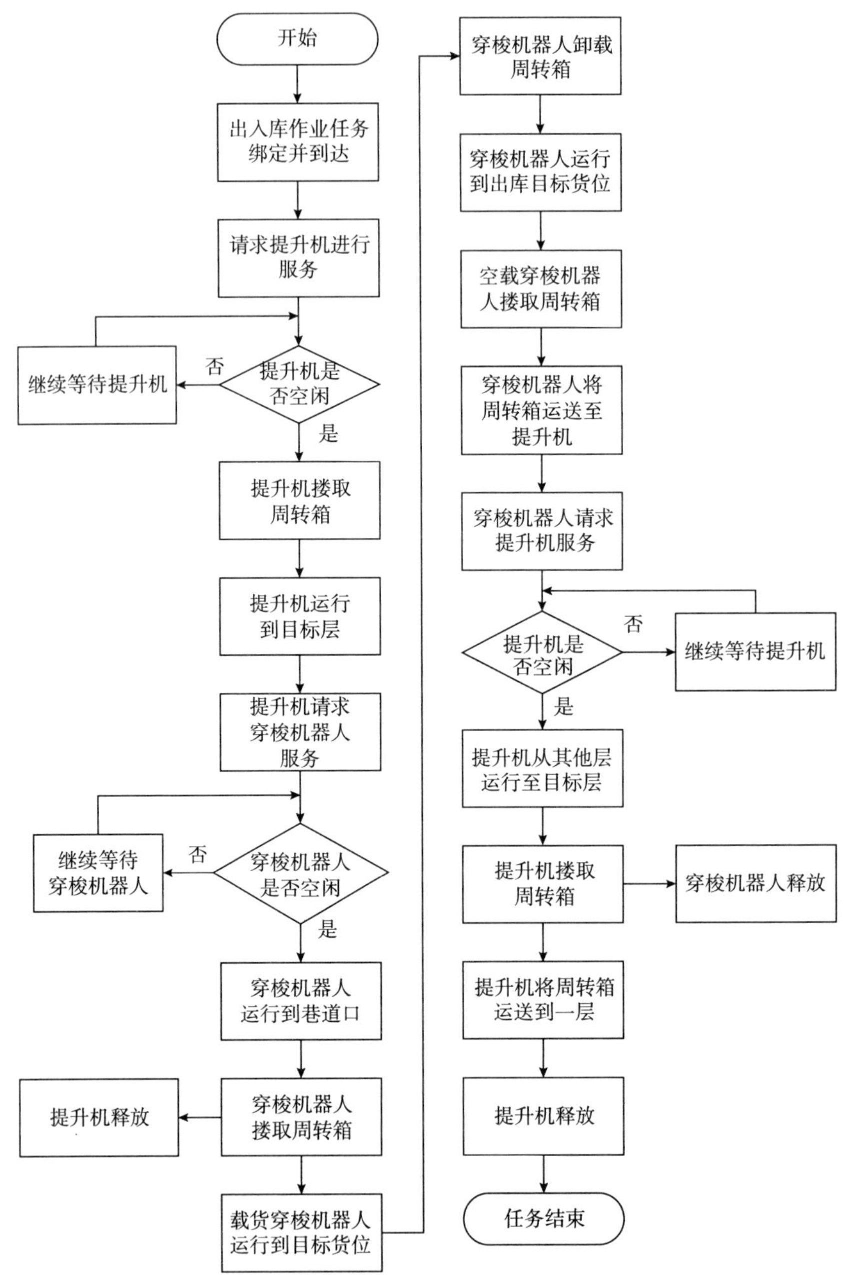

图 4-2　CASBS/RS 系统双指令下作业流程

资料来源：笔者绘制。

第六步，穿梭机器人请求匹配提升机进行服务，如果此时提升机空闲，那么穿梭机器人行驶到目标提升机，且提升机运行到待出库货物的目标层。

第七步，穿梭机器人卸载周转箱，并释放。

第八步，提升机搂取周转箱，并运行到一层，提升机卸载周转箱后并释放进入新的作业环节，任务结束。

二、系统假设与作业分析

根据系统的实际运行情况，假设 CASBS/RS 系统的运行符合以下假设:

（1）遵循 POSC（Point-of-Service-Completion）原则，即穿梭机器人和提升机完成任务之后，就停靠在上一个任务完成的位置。

（2）遵循 FCFS（First-Come First-Served）原则，即穿梭机器人、提升机以及拣货台均按照先到先服务的原则对接收到的请求进行服务。

（3）提升机和穿梭机器人同一拣选任务的情况下，只能运输一个货物周转箱。

（4）任务的到达率服从参数为 λ 的泊松分布，每个服务设备的服务时间均服从指数分布。

（5）每台服务设备承载周转箱的数量不超过 1 个。

CASBS/RS 系统与其他穿梭机器人仓储系统的不同之处不仅在于系统结构设计上的不同，而且提升机与穿梭机器人的匹配规则上也不相同，在 CASBS/RS 系统中，每一个提升机和固定的几个穿梭机器人匹配进行作业，每个穿梭机器人只匹配一个提升机进行作业。

如图 4-3 所示，载货提升机请求匹配的空闲穿梭机器人服务，穿梭机器人搂取待入库周转箱之后首先进行入库作业，穿梭机器人按照提前规划好的路线沿着路线 1 到达存储目标货位，穿梭机器人卸载入库周转箱之后，沿着路线 2 到达出库目标货位，穿梭机器人搂取待出库周转箱，然后沿着路线 3 到达匹配的提升机处，卸载周转箱，完成出库作业。

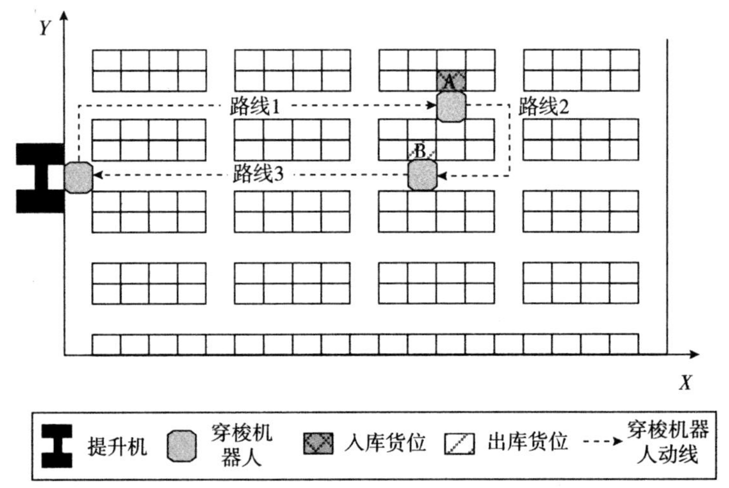

图 4-3 CASBS/RS 系统双指令下单穿梭机器人动线

资料来源：笔者绘制。

穿梭机器人作为系统中重要的服务设备，其作业时间直接影响了系统的性能，而穿梭机器人的作业时间在穿梭机器人速度、加速度固定的情况下主要与其行驶路径有关系，所以对 CASBS/RS 系统中穿梭机器人的路径规划至关重要。

第二节 穿梭机器人路径优化

一、Dijkstra 算法

Dijkstra（迪杰斯特拉）算法也叫标号点法，是贪心算法的一种，可用于求解指定的 v_s 和 v_t 两点间的最短路问题，其主要思想是，在给定的赋权的有向图 $D=(V, A)$，用 $P(v)$、$T(v)$ 分别表示点 v 的 P 标号和 T 标号，S_i 表示第 i 步时，具有 P 标号点的集合。为了在求出从 v_s 到各点的距离的同时，也求出从 v_s 到各点的最短路径，给每个点 v 以一个 λ 的值，算法终止时，如果 $\lambda(v)=m$，表示在从 v_s 到 v 的最短路径上 v 的前一个点是 v_m；如果 $\lambda(v)=M$，则表示 D 中不含从 v_s 到 v 的最短路径；$\lambda(v)=0$ 表示 $\nu=\nu_s$。

Dijkstra 算法的具体步骤如下：

第一步，开始 $(i=1)$ 令 $S_i=\{v_i\}$，$P(v_s)=0$，$\lambda(v_s)=0$，对于每一个 $\nu\neq v_s$，令 $T(v)=+\infty$，$\lambda(\nu)=M$，令 $k=s$。

第二步，如果 $S_i=V$，算法终止，这时，对每个 $\nu\in S_i$，$d(v_s, v)=P(v)$；否则转入第三步。

第三步，考察每个使 $(v_k, v_j)\in A$ 且 $v_j\notin S_i$ 的点 v_j。如果 $T(v_j)>P$

$(v_k)+w_{kj}$，则把 $T(v_j)$ 修改为 $P(v_k)+w_{kj}$，把 $\lambda(v_j)$ 修改为 k；否则转入第四步。

第四步，令 $T(v_{ji})=\min\limits_{v_j\notin S_i}\notin\{T(v_j)\}$。

如果 $T(v_{ji})<+\infty$，则把 v_{ji} 的 T 标号变为 P 标号 $P(v_{ji})=T(v_{ji})$，令 $S_{i+1}=S_i\cup\{v_{ji}\}$，$k=j$，把 i 换成 $i+1$，转入第二步；否则算法终止，这时对每一个 $v\in S_i$，$d(v_s,\ v)=P(v)$，而对于每一个 $v\notin S_i$，$d(v_s,\ v)=T(v)$。

在 CASBS/RS 系统中，每一层的布局都是一样的，且每层的穿梭机器人数量一样，由于穿梭机器人在行进的过程中选择方向的节点只存在于 X 方向与 Y 方向的交叉点，所以在 X 方向和 Y 方向的每一个交叉点进行标号（1，2，3，…，N），如图 4-4 所示。每个存储货位的长宽高、每个巷道的宽度和每条横向导轨的宽度都是相同的，假设穿梭机器人的起点为 v_s，目标点为 v_t，并且与穿梭机器人在货位中的任意起点和终点相邻的只有两个节点，那么只要确定了穿梭机器人在行进过程中经过了哪些节点，即可确定穿梭机器人的行驶路径。

如图 4-4 所示，该布局中节点数 $V=20$，现在寻找从 v_s 到 v_t 的最短路径，假设存储货位的长度 $l_S=0.8$ 米，宽度 $w_S=0.8$ 米，存储巷道和横向导轨的宽度 $w_A=1.2$ 米。

步骤如下所示：

（1）$i=1$ 时。

第一步，$S_1=\{v_s\}$，$P(v_s)=0$，$\lambda(v_s)=0$，$T(v_i)=+\infty$；$\lambda(v_i)=M$（2，3，…，20），以及 $k=1$。

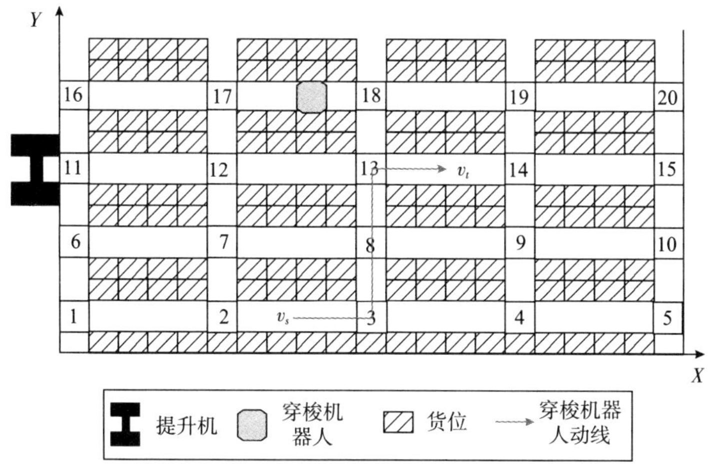

图 4-4 穿梭机器人路线节点布局

资料来源：笔者绘制。

第二步，因 $S_1 \neq \{1, 2, \cdots, 20\}$，那么继续进行第三步。

第三步，因为 $(v_s, 2) \in A$，$2 \notin S_1$，$P(v_s)+w_{s2}<T(2)$，故把 $T(2)$ 修改为 $P(v_s)+w_{s2}=1.6$，$\lambda(2)=v_s$，同理，与 v_s 相邻的点还有 3，那么 $T(3)=P(v_s)+w_{s3}=2.4$，$\lambda(3)=v_s$。

第四步，在所有的 T 标号点中 $T(2)$ 最小，于是令 $P(2)=1.6$，令 $S_2=S_1 \cup \{2\}=\{v_s, 2\}$，$k=2$。

（2）$i=2$ 时。

转入第三步，$T(1)=P(2)+w_{21}=6$，$\lambda(1)=2$，$T(7)=P(2)+w_{27}=4.4$，$\lambda(7)=2$；转入第四步，$\min\{T(3), T(1), T(7)\}=T(3)$，于是令 $P(3)=2.4$，$S_2=\{v_s, 2, 3\}$，$k=3$。

（3）$i=3$ 时。

转入第三步，$T(8)=P(3)+w_{38}=5.2$，$\lambda(8)=3$，$T(4)=P(3)+w_{34}=6.8$，$\lambda(4)=3$；转入第四步，$\min\{T(1), T(4), T(7), T(8)\}=$

$T(3)$，于是令 $P(1)=6$，$S_2=\{v_s, 2, 3, 1\}$，$k=1$。

重复上述步骤第三步、第四步，直至所有的点包括目标节点都经过遍历，完成求解，得到最短路径为 $v_s \to 3 \to 8 \to v_t$，最短路径为 $P(v_t)=7.2$。

如图 4-5 所示，运用前文提到的 Dijkstra 算法求解从 v_s 到 v_t 的最短路径有三条，得到：

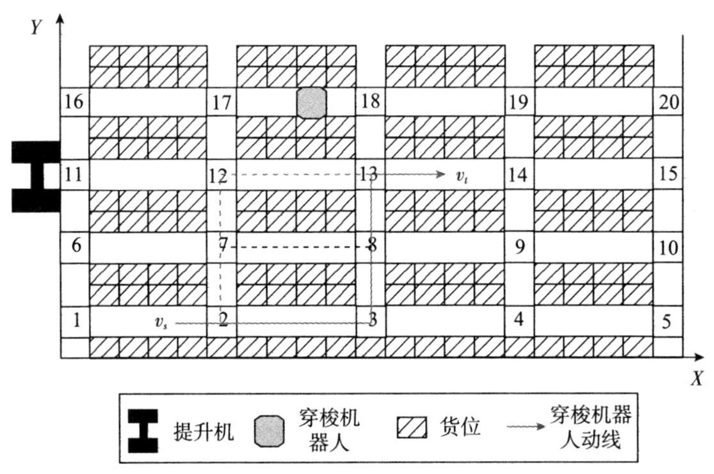

图 4-5　穿梭机器人路线节点布局

资料来源：笔者绘制。

（1）$v_s \longrightarrow 2 \longrightarrow 3 \longrightarrow 8 \longrightarrow 13 \longrightarrow v_t$。

（2）$v_s \longrightarrow 2 \longrightarrow 7 \longrightarrow 12 \longrightarrow 13 \longrightarrow v_t$。

（3）$v_s \longrightarrow 2 \longrightarrow 7 \longrightarrow 8 \longrightarrow 13 \longrightarrow v_t$。

根据图 4-6，穿梭机器人在行驶的过程中有加速减速的过程，在每一个拐弯的节点都需要进行减速停止，然后再运行，假设穿梭机器人的速度 $v_S=3$，加速度 $a_S=2$。

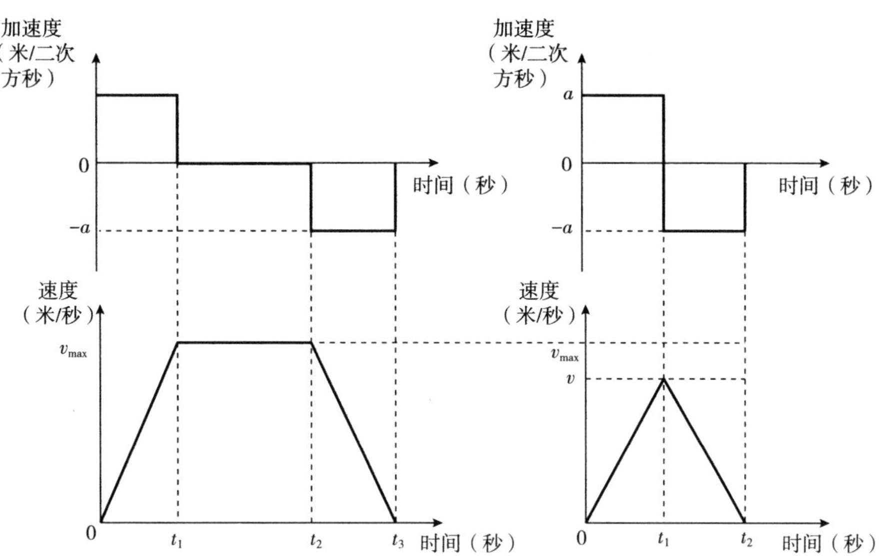

图 4-6　穿梭机器人运动特性

资料来源：笔者绘制。

$$t=\begin{cases}\sqrt{\dfrac{2(n_S l_S+n_A w_A)}{a_S}}, & n_S l_S+n_A w_A\leqslant\dfrac{v_S^2}{2a_S}\\ \dfrac{n_S l_S+n_A w_A}{v_S}+\dfrac{v_S}{a_S}, & \dfrac{v_S^2}{2a_S}<n_S l_S+n_A w_A\end{cases}\tag{4-1}$$

式中，n_S 表示经过的存储货位的个数，n_A 表示经过的交叉节点的个数，根据式（4-1）计算每一条路径的行走时间，图 4-5 的算例的结果根据转弯节点可以简化为：

（1）$v_s\longrightarrow3\longrightarrow13\longrightarrow v_t$；$t_1=3.5+3.4+1.7=8.6$。

（2）$v_s\longrightarrow2\longrightarrow12\longrightarrow v_t$；$t_1=1.3+3.4+3.9=8.6$。

（3）$v_s\longrightarrow2\longrightarrow7\longrightarrow8\longrightarrow13\longrightarrow v_t$；$t_3=1.6+2.4+2.1+2.4+1.7=10.2$。

可见，第一条和第二条路线有两个拐点，行走时间都为 8.6 秒；第三条路线有四个拐点，行走时间为 10.2 秒，在同样行进长度的路径下，比其他两条路径多耗时了 1.6 秒。

二、改进 Dijkstra 算法

为了使穿梭机器人在寻找到最短路径的同时，又能保证穿梭机器人在此最短路径的行走时间最短，所以要对算法进行改进使得到的最短路径的时间最短，也就是此最短路径的拐点最少。

首先，将 CASBS/RS 系统层的俯视图建立二维坐标系如图 4-7 所示，X 轴为巷道方向，Y 轴为横向导轨方向。将仓储货位、巷道、横向滑轨按照图 4-7 所示的每一个小区域建立坐标（x，y），x 表示第几条巷道，

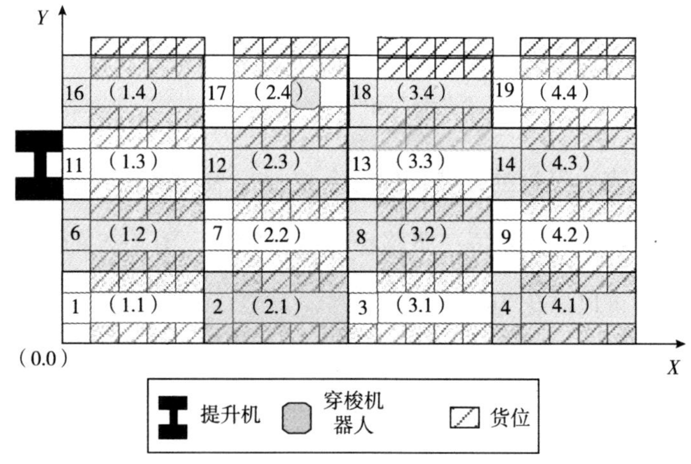

图 4-7　俯视图坐标示意图

资料来源：笔者绘制。

y 代表第几条横向滑轨，每一个坐标区域中都包含了一个路径节点，并且每个节点只存在于一个坐标区域内，那么路径经过的节点就可以用坐标的形式进行表示。

其次，假设路径上的坐标为（x_m，y_n）的节点 v_m，该节点的前一个节点 v_e 坐标为（x_{m-1}，y_{n-1}），后一个节点的坐标 v_o 坐标为（x_{m+1}，y_{n+1}）。如果穿梭机器人在巷道内直行，节点坐标的 x 值不变，y 值变化，如果出现拐弯，那么 x 值变化，y 值不变；如果穿梭机器人在横向导轨上运动，那么 y 值不变，x 值变化，如果出现拐弯，那么 x 值不变，y 值变化。所以要判断穿梭机器人在路径上是否发生了转弯，只需要判断每个节点前后节点之间的关系即可，发生拐弯的情况为：

$$\begin{cases} x_{m+1}-x_{m-1}\neq 0，且\ y_{n+1}-y_{n-1}\neq 0 \\ x_s-x_{s-1}=0，且\ y_s-y_{s-1}\neq 0 \end{cases} \tag{4-2}$$

式中，第一个公式判断途径中的拐点，第二个公式判断初始点和终点与相邻的点所在区域的节点是不是拐点。

由于初始点 v_s 的坐标为（x_s，y_s），终止点 v_t 的坐标为（x_t，y_t），那么拐点的个数为：

$$P_{\min}=\{|x_t-x_s|，|y_t-y_s|\} \tag{4-3}$$

通过判断路径中每一个节点前后的节点的左边是否满足式（4-2），就可判断出该路径中的节点个数。将 Dijkstra 算法的步骤做出以下改进：

在给定的赋权的有向图 $D=(V, A)$，用 $P(v)$、$T(v)$ 分别表示点 v 的 P 标号和 T 标号，S_i 表示第 i 步时，具有 P 标号点的集合。为了在求出从 v_s 到各点的距离的同时，也求出从 $v_s(x_s, y_s)$ 到各点的最短路径，给

每个点 λ，(x_n, y_n)以一个 λ 的值，算法终止时，如果 $\lambda(v)=m$，(x_m, y_m)，表示在从 v_s 到 v 的最短路径上 v 的前一个点是 v_m，所在区域的坐标为(x_m, y_m)；如果 $\lambda(v)=M$，则表示 D 中不含从 v_s 到 v 的最短路径；$\lambda(v)=0$ 表示 $\nu=\nu_s$。

改进 Dijkstra 算法的具体步骤如下：

第一步，开始$(i=1)$令 $S_i=\{v_i\}$，$P(v_s)=0$，$\lambda(v_s)=0$，对于每一个 $\nu\neq v_s$，令 $T(v)=+\infty$，$\lambda(v)=M$，令 $k=s$，(x_s, y_s)。

第二步，如果 $S_i=V$，算法终止，这时，对每个 $v\in S_i$，$d(v_s, v)=P(v)$；否则转入第三步。

第三步，考察每个使$(v_k, v_j)\in A$ 且 $v_j\notin S_i$ 的点 v_j。如果 $T(v_j)>P(v_k)+w_{kj}$，则把 $T(v_j)$修改为 $P(v_k)+w_{kj}$，把 $\lambda(v_j)$修改为 $k(x_j, y_j)$；否则转入第四步。

第四步，令 $T(v_{ji})=\min\limits_{v_j\notin S_i}\notin\{T(v_j)\}$。如果 $T(v_{ji})<+\infty$，则把 v_{ji} 的 T 标号变为 P 标号 $P(v_{ji})=T(v_{ji})$，令 $S_{i+1}=S_i\cup\{v_{ji}\}$，$k=j$，把 i 换成 $i+1$，转入第二步；否则算法终止，这时对每一个 $v\in S_i$，$d(v_s, v)=P(v)$，而对于每一个 $v\notin S_i$，$d(v_s, v)=T(v)$。

第五步，通过 $x_{n+1}-x_{n-1}\neq0$，且 $y_{n+1}-y_{n-1}\neq0$ 判断路径中的节点 $\lambda(x_n, y_n)=(x_{n-1}, y_{n-1})$的前后节点 $\lambda(x_{n-1}, y_{n-1})$和 $\lambda(x_{n+1}, y_{n+1})$是不是拐点，并通过 $x_s-x_{s-1}=0$，且 $y_s-y_{s-1}\neq0$ 判断始点和终点是不是拐点，选取满足条件个数小的节点所在的路径。

三、算例验证

如图 4-8 所示，该布局中节点数 $V=16$，现在寻找从 v_s 到 v_t 的最短路径。假设存储货位的长度 $l_s=0.8$ 米，宽度 $w_s=0.8$ 米，存储巷道和横向导轨的宽度 $w_A=1.2$ 米。

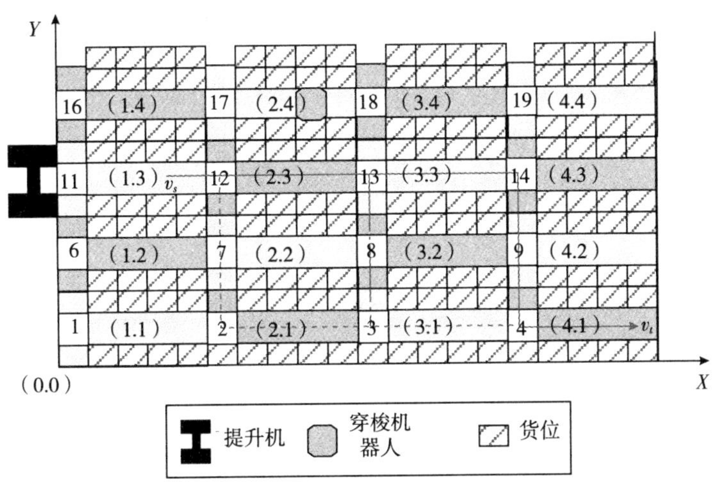

图 4-8 改进 Dijkstra 算法算例

资料来源：笔者绘制。

步骤如下所示：

(1) $i=1$ 时。

第一步，$S_1=\{v_s\}$，$P(v_s)=0$，$\lambda(v_s)=0$，$T(v_i)=+\infty$；$\lambda(v_i)=M$ (1，2，…，19) 以及 $k=v_s$，(1，3)。

第二步，因 $S_1\neq\{1, 2, \cdots, 20\}$，那么继续进行第三步。

第三步，因为 $(v_s, 11)\in A$，$2\notin S_1$，$P(v_s)+w_{s11}<T(11)$，故把 $T(11)$ 修改为 $P(v_s)+w_{s11}=2.4$，$\lambda(11)=v_s$，(1，3)，同理，与 v_s 相邻的点还有 12，那么 $T(12)=P(v_s)+w_{s12}=1.6$，$\lambda(12)=v_s$，(1，3)。

第四步，在所有的 T 标号点中 $T(12)$ 最小，于是令 $P(12)=1.6$，令 $S_2=S_1\cup\{12\}=\{v_s, 12\}$，$k=12$，(2，3)。

(2) $i=2$ 时。

转入第三步，$T(17)=P(12)+w_{12,17}=4.4$，$\lambda(17)=12$，(2，3)，$T(7)=P(12)+w_{12,7}=4.4$，$\lambda(7)=12$，(2，3)，$T(13)=P(12)+w_{12,13}=6$；转入第四步，$\min\{T(17), T(7), T(13), T(11)\}=T(11)$，于是令 $P(11)=2.4$，$S_2=\{v_s, 12, 11\}$，$k=11$，(1，3)。

(3) $i=3$ 时。

转入第三步，$T(16)=P(11)+w_{11,16}=5.2$，$\lambda(16)=11$，(1，3)，$T(17)=P(3)+w_{34}=6.8$，修改 $T(17)=4.4$，$\lambda(17)=12$，(2，3)；转入第四步，$\min\{T(7), T(17), T(16), T(13)\}=T(7)$，于是令 $P(7)=4.4$，$S_2=\{v_s, 12, 11, 7\}$，$k=7$，(2，2)。

重复上述第三步、第四步，得到 $P(v_t)=19.6$，最短路径为：

(1) v_s，(1，3)　12，(2，3)　13，(3，3)　14，(4，3)　9，(4，2)　4，(4，1)　v_t，(4，1)。

(2) v_s，(1，3)　12，(2，3)　7，(2，2)　8，(3，2)　9，(4，2)　4，(4，1)　v_t，(4，1)。

(3) v_s，(1，3)　12，(2，3)　7，(2，2)　8，(3，2)　3，(3，1)　4，(4，1)　v_t，(4，1)。

(4) v_s，(1，3)　12，(2，3)　13，(3，3)　8，(3，2)　9，(4，2)　4，(4，1)　v_t，(4，1)。

(5) v_s，(1，3)　12，(2，3)　13，(3，3)　8，(3，2)　3，(3，1)　4，

(4，1)　v_t，(4，1)。

(6) v_s，(1，3)　12，(2，3)　7，(2，2)　2，(2，1)　3，(3，1)　4，(4，1)　v_t，(4，1)。

转入第五步，判断节点是不是拐点，得到每条路径的拐点个数分别为：

2，4，4，4，2，2

所以最短路径有三条，分别是第（1）、（5）、（6）条，穿梭机器人在选择路径的时候，这三条任意一条都满足距离最短、时间最少的条件。

第三节　半开环排队网络模型

第二节对穿梭机器人在系统中的运行路径进行了优化，得到了路径最短且花费时间最小的路线，那么这一节在考虑穿梭机器人行走路径最短且消耗时间最短的基础上，对该CASBS/RS系统进行性能分析。根据图4-2CASBS/RS系统的作业流程，入库周转箱经由提升机运行到目标层，由穿梭机器人将入库周转箱运送到入库货位，然后再到达出库货位，将出库周转箱运送到提升机位置，由提升机运送到一层，由于穿梭机器人仓储系统的结构每层都相同，考虑随机存储策略，提升机到达每一层的概率都相同，那么提升机在每一层的服务速率都相同，那么可以把系统的一层当作研究对象，由于一个提升机对应固定1台或者几台穿梭机器人且每台穿梭机器人只响应一个提升机，假设从提升机到入库目标货位的服务速率为μ_1，穿梭机器人运送入库周转箱和出库周转箱的服务速率分别为μ_2和μ_3。如图 4-9 所示建立该系统的半开环排队网络模型。

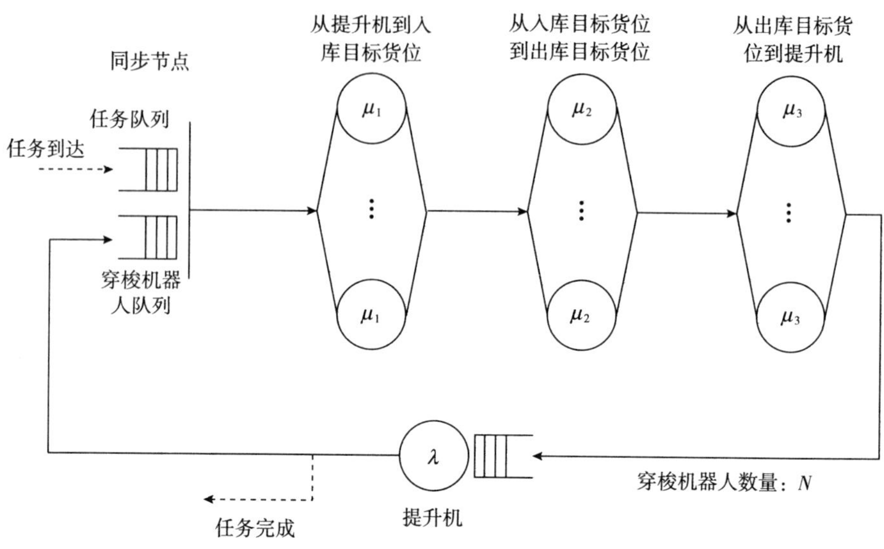

图 4-9　半开环排队网络模型

资料来源：笔者绘制。

一、基于 AMVA 的半开环网络求解

该半开环排队网络模型采用基于 AMVA 的方法求解[106]，该解法用到的具体参数如表 4-1 所示。

表 4-1　AMVA 算法用到的主要参数

N_L	提升机总数
N_S	穿梭机器人总数

续表

$ES_{rem,s}$	第一个穿梭机器人在提升机处期望的逗留时间
ES_1	服务节点的服务时间的一阶矩阵
ES_2	服务节点的服务时间的二阶矩阵
P_L (i| r)	系统里有 r 个穿梭机器人的时候，提升机处有 i 个穿梭机器人
Q_s (r)	当系统包含 r 个穿梭机器人时，所有穿梭机器人都在提升机处排队的概率
L_s (r)	当系统包含 r 个穿梭机器人时，包括在提升机处服务的穿梭机器人在内的穿梭机器人排队的队列长度
l_s (r)	当系统包含 r 个穿梭机器人时，不包括在提升机处服务的穿梭机器人在内的穿梭机器人排队的队列长度
TPS (r)	当系统包含 r 个穿梭机器人时的吞吐量
ET (r)	当系统包含 r 个穿梭机器人时，提升机的提前期
n_{LS}	在提升机处的穿梭机器人数量
λ_L	提升机处的达到率

资料来源：笔者根据材料绘制。

具体步骤如下：第一步，将到达任务和穿梭机器人匹配节点从该半开环排队网络中移除，得到一个新的闭环排队网络 CQN1，那么在这个 CQN1 中，提升机入库目标货位的服务速率 $\mu_1=\frac{1}{T_1}$，从入库目标货位到出库目标货位的服务速率 $\mu_2=\frac{1}{T_2}$，从出库目标货位到提升机位置的服务速率 $\mu_3=\frac{1}{T_3}$。利用 AMVA 方法求解该闭环 CQN1 的网络模型，用到的具体参数如表 4-1 所示，具体的解法步骤为：

对于提升机数量 $n_L=1$，2，…，N_L，存在：

$$ES_{rem,s}=\frac{n_{LS}-1}{n_{LS}+1}\times\frac{ES_1}{n_{LS}}+\frac{2}{n_{LS}+1}\times\frac{1}{n_{LS}}\times\frac{ES_2}{2ES_1} \tag{4-4}$$

对于提升机数量 $n_L=1$，2，…，N_L，穿梭机器人数量 $r=1$，2，…，N_S，存在：

$$ET(r)=Q_S(r-1)ES_{rem,s}+l_S(r-1)\frac{ES_1}{n_{LS}}+ES_1 \tag{4-5}$$

对于穿梭机器人数量 $r=1$，2，…，N_S，存在：

$$TPS_r = \frac{r}{\sum_{n_L=1}^{N_L}\lambda_L ET(r)} \tag{4-6}$$

对于提升机数量 $n_L=1$，2，…，N_L，穿梭机器人数量 $r=1$，2，…，N_S，$b=1$，…，min（$n_{LS}-1$，r），存在：

$$P_L(b|r)=\frac{ES_1}{n_{LS}}\lambda_L TPS(r)P_L(b-1|r-1) \tag{4-7}$$

对于提升机数量 $n_L=1$，2，…，N_L，穿梭机器人数量 $r=1$，2，…，N_S，如果 $r<n_{LS}$，那么 $Q_s(r)=0$，否则：

$$Q_S(r)=\frac{ES_1}{n_{LS}}\lambda_L TPS(r)[Q_S(r-1)+P_L(b-1|r-1)] \tag{4-8}$$

对于提升机数量 $n_L=1$，2，…，N_L，穿梭机器人数量 $r=1$，2，…，N_S，存在：

$$P_L(0|r) = 1 - \sum_{b=1}^{\min(n_{LS}-1,\ r)} P_L(b|r) - Q_S(r) \tag{4-9}$$

对于提升机数量 $n_L=1$，2，…，N_L，穿梭机器人数量 $r=1$，2，…，N_S，如果 $r<n_{LS}$，$l_S(r)=0$，否则：

$$l_S(r)=\frac{ES_1}{n_{LS}}\lambda_L TPS(r)(l_S(r-1)+P_L(b-1|r-1)) \tag{4-10}$$

对于提升机数量 $n_L=1$，2，…，N_L，穿梭机器人数量 $r=1$，2，…，N_S，存在：

$$L_S(r)=TPS(r)\lambda_L ET(r) \tag{4-11}$$

第二步，将穿梭机器人和任务的匹配节点作为一个单独的 load-dependent 服务节点，建立一个新的闭环排队网络 CQN2，当系统内有 r 台穿梭机器人的时候，且 $r>1$，那么这个新建节点的到达率 $\lambda(r)=\alpha$，同样地，将第一步中的 AMVA 方法求解 CQN2，可以得到 CQN2 的吞吐量 TPS_2，一样也可以计算出当 r 台穿梭机器人在提升机处时，提升机的排队队列长度 $L_S(r)$。

第三步，单独分析穿梭机器人和任务的匹配节点，得到外部队列的平均长度 L_0，假设穿梭机器人的利用率为 ρ_S，完成一个订单的平均时间为 T_0，提升机的利用率为 ρ_L，该穿梭机器人和任务的匹配节点的期望队长在第二步中求得为 L_S，那么当系统内小车数为 N_S 时，穿梭机器人的利用率 $\rho_S=1-\frac{L_S}{N_S}$。令 L_i 表示为其他节点的期望队长，那么 $L_i=\sum_S L_S(N_S)$。那么完成一个订单的平均时间为：

$$T_0=\frac{L_0+L_i}{\alpha} \tag{4-12}$$

那么提升机的利用率可以表示为：

$$\rho_L=TPS_2\lambda_L ES_L \tag{4-13}$$

式中，λ_L 表示提升机处的到达率，ES_L 表示提升机的服务时间。

二、作业时间分析

根据图 4-3，穿梭机器人的行进路线可以分为三个部分：

第一部分，从提升机位置运行到入库目标货位。

第二部分，穿梭机器人从入库目标货位运行到出库目标货位。

第三部分，穿梭机器人从出库目标货位运行到提升机处。

假设在大小为（X，Y）的系统中，提升机的坐标为（1，y_L），入库目标货位的坐标为（x_S，y_S），出库目标货位的坐标为（x_R，y_R），每个坐标单元的 Y 轴方向的宽度为：$y=2w_S+w_A$；X 轴方向上的长度为：$x=n_{Co}w_S+w_A$，n_{Co} 表示每个坐标单元中货架的列数。

首先，穿梭机器人从提升机位置（1，y_L）将入库周转箱运送到入库标目货位（x_S，y_S），这个过程可以分为两个部分，一部分为 X 轴方向上，另一部分为 Y 轴方向上。

那么 Y 轴方向上，穿梭机器人行进的时间 t_{S1} 为：

$$t_{S1}=\begin{cases}\sqrt{\dfrac{2|y_S-y_L|(2w_S+w_A)}{a_S}}, & |y_S-y_L|\leqslant y_0\\ \dfrac{|y_S-y_L|(2w_S+w_A)}{v_S}+\dfrac{v_S}{a_S}, & y_0<|y_S-y_L|\leqslant Y\end{cases} \tag{4-14}$$

$$y_0=\left\lfloor\frac{v_S^2}{a_S(2w_S+w_A)}\right\rfloor \tag{4-15}$$

式中，y_0 表示穿梭机器人在 Y 轴方向上从 0 加速到最大速度后马上减速到 0 至少需要的坐标单元数量。

在 Y 轴方向上，穿梭机器人行进的平均服务时间 T_{S1} 为：

$$T_{S1}=\frac{2}{Y^2}\sum_{y_L=Y-y_0+1}^{Y}\sum_{y_S=y_L}^{Y}\sqrt{\frac{2|y_S-y_L|(2w_S+w_A)}{a_S}}+\frac{2}{Y^2}\sum_{y_L=1}^{Y-y_L}$$

$$\left[\sum_{y_S=y_L}^{y_L+y_0}\sqrt{\frac{2|y_S-y_L|(2w_S+w_A)}{a_S}}+\sum_{y_S=y_L+y_0+1}^{Y}\left(\frac{|y_S-y_L|(2w_S+w_A)}{v_S}+\frac{v_S}{a_S}\right)\right]$$

（4-16）

在 X 轴方向上，穿梭机器人行进的时间 t_{S2} 为：

$$t_{S2}=\begin{cases}\sqrt{\dfrac{2x_S(n_{C0}w_S+w_A)}{a_S}}, & x_S\leqslant x_0\\ \dfrac{x_S(n_{C0}w_S+w_A)}{v_S}+\dfrac{v_S}{a_S}, & x_0<x_S\leqslant X\end{cases}\tag{4-17}$$

$$x_0=\left\lfloor\frac{v_S^2}{a_S(n_{C0}w_S+w_A)}\right\rfloor\tag{4-18}$$

式中，x_0 表示穿梭机器人在 X 轴方向上从 0 加速到最大速度后马上减速到 0 至少需要的坐标单元数量。

在 X 轴方向上，穿梭机器人行进的平均服务时间 T_{S2} 为：

$$T_{S2}=\frac{1}{X}\left[\sum_{x_S=1}^{x_0}\sqrt{\frac{2x_S(n_{C0}w_S+w_A)}{a_S}}+\sum_{x_S=x_0}^{X}\left(\frac{x_S(n_{C0}w_S+w_A)}{v_S}+\frac{v_S}{a_S}\right)\right]$$

（4-19）

其次，穿梭机器人从入库目标货位（x_S，y_S）卸载周转箱后，运行到出库目标货位（x_R，y_R）搂取待出库周转箱，这个过程可以分为两个部分，一部分为 X 轴方向上，另一部分为 Y 轴方向上。

Y 轴方向上，穿梭机器人行进的时间 t_{S3} 和 t_{S1} 的表达式相同，穿梭机器人在 Y 轴方向上的平均行走时间 $T_{S3}=T_{S1}$。

在 X 轴方向上，穿梭机器人行进的时间 t_{S4} 为：

$$t_{S4}=\begin{cases}\sqrt{\dfrac{2\left|x_R-x_S\right|(n_{C0}w_S+w_A)}{a_S}}, & \left|x_R-x_S\right|\leqslant x_0\\ \dfrac{\left|x_R-x_S\right|(n_{C0}w_S+w_A)}{v_S}+\dfrac{v_S}{a_S}, & x_0<\left|x_R-x_S\right|\leqslant X\end{cases} \tag{4-20}$$

在 X 轴方向上，穿梭机器人行进的平均服务时间 T_{S4} 为：

$$T_{S4}=\frac{2}{X^2}\sum_{x_S=X-x_0+1}^{X}\sum_{x_R=x_S}^{X}\sqrt{\frac{2\left|x_R-x_S\right|(n_{C0}w_S+w_A)}{a_S}}+\frac{2}{X}\sum_{X_S=1}^{X-X_S}\left[\sum_{x_R=x_S}^{x_S+x_0}\sqrt{\frac{2\left|x_R-x_S\right|(n_{C0}w_S+w_A)}{a_S}}+\sum_{x_R=x_S+x_0+1}^{X}\left(\frac{\left|x_R-x_S\right|(n_{C0}w_S+w_A)}{v_S}+\frac{v_S}{a_S}\right)\right] \tag{4-21}$$

最后，穿梭机器人从出库目标货位（x_R，y_R）运行到提升机位置（1，y_L），穿梭机器人卸载周转箱，这个过程的距离可以分为两个部分，一部分为 X 轴方向上，另一部分为 Y 轴方向上。

在 Y 轴方向上，穿梭机器人行进的时间 t_{S5} 和 t_{S1} 的表达式相同，穿梭机器人在 Y 轴方向上的平均行走时间 $T_{S5}=T_{S1}$；穿梭机器人在 X 轴方向上的平均行走时间 $T_{S5}=T_{S1}$。

在 X 轴方向上，穿梭机器人行进的时间 t_{S6} 和 t_{S1} 的表达式相同，穿梭机器人在 Y 轴方向上的平均行走时间 $T_{S6}=T_{S2}$；穿梭机器人在 X 轴方向上的平均行走时间 $T_{S_6}=T_{S_2}$。

在坐标单元的内部，穿梭机器人只沿 X 轴方向运动，假设目标货位的位置位于节点后第 n_{Ci} 个，那么穿梭机器人在坐标单元内的行走距离为 $n_{Ci}w_s+w_A$，所以穿梭机器人在坐标单元内的行走时间 t_{S7} 为：

$$t_{S7}=\begin{cases}\sqrt{\dfrac{2(n_{Ci}w_S+w_A)}{a_S}}, & n_{Ci}\leqslant n_0\\[2ex] \dfrac{(n_{Ci}w_S+w_A)}{v_S}+\dfrac{v_S}{a_S}, & n_0<n_{Ci}\leqslant n_{C0}\end{cases} \tag{4-22}$$

$$n_0=\left\lfloor\frac{v_S^2}{2a_Sw_S}-\frac{w_A}{w_S}\right\rfloor \tag{4-23}$$

式中，n_0 表示穿梭机器人在坐标单元里沿 X 轴方向运动，从 0 加速到最大速度后马上减速到 0 所经过的货架数。

那么穿梭机器人在坐标单元中行走的平均时间 T_{S7} 为：

$$T_{S7}=\frac{1}{n_{C0}}\left[\sum_{i=1}^{n_0}\sqrt{\frac{2(n_{Ci}w_S+w_A)}{a_S}}+\sum_{i=n_0}^{n_{C0}}\left(\frac{(n_{Ci}w_S+w_A)}{v_S}+\frac{v_S}{a_S}\right)\right] \tag{4-24}$$

由于考虑穿梭机器人在路线选择时候，选择了拐点数量最少的最短路径，假设穿梭机器人在拐弯时的损耗时间为 t_{S8}，那么，穿梭机器人在拐弯时损耗的平均时间为：

$$T_{S8}=t_{S8}\times\min\left\{\left\lceil\frac{X-1}{2}\right\rceil, \left\lceil\frac{Y-1}{2}\right\rceil\right\} \tag{4-25}$$

对于提升机来说，提升机有两个作业环节，第一个环节是把入库周转箱从第一层运送到入库目标层，第二个环节是把出库周转箱从周转箱所在层运送到第一层，假设系统的层数为 n_T，那么提升机从第一层到第 i 层的时间运行时间 t_{L1} 为：

$$t_{L1}=\begin{cases}\sqrt{\dfrac{2ih_T}{a_l}}, & i\leqslant n_{T0}\\[2ex] \dfrac{ih_T}{v_l}+\dfrac{v_l}{a_l}, & n_{T0}<i\leqslant n_T\end{cases} \tag{4-26}$$

$$n_{T0}=\left\lfloor\frac{v_l^2}{a_l h_T}\right\rfloor \tag{4-27}$$

式中，n_{T0} 为提升机在垂直方向上从 0 加速到最大速度后马上减速到 0 所经过的层数，h_T 为系统一层的高度。

提升机从第一层到第 i 层的平均时间 T_{L1} 为：

$$T_{L1} = \frac{1}{n_T}\left[\sum_{i=1}^{n_{T0}}\sqrt{\frac{2ih_T}{a_l}} + \sum_{i=n_{T0}}^{n_T}\left(\frac{ih_T}{v_l} + \frac{v_l}{a_l}\right)\right] \tag{4-28}$$

提升机第二个环节所花费的时间与第一个环节相同 $t_{L2}=t_{L1}$，$T_{l2}=T_{l1}$。

综上所述，提升机完成一个任务的平均服务时间为：

$$T_L=T_{l1}=T_{l2} \tag{4-29}$$

穿梭机器人从提升机位置到目标入库货位的平均服务时间为：

$$T_1=T_{S1}+T_{S2}+2T_{S7}+T_{S8} \tag{4-30}$$

穿梭机器人从目标入库货位到出库目标货位的平均服务时间为：

$$T_2=T_{S3}+T_{S4}+2T_{S7}+T_{S8} \tag{4-31}$$

穿梭机器人从目标出库货位到提升机处的平均服务时间为：

$$T_3=T_{S5}+T_{S6}+2T_{S7}+T_{S8} \tag{4-32}$$

第四节　实验结果及分析

本章以跨巷道穿梭机器人仓储系统为研究目标，在考虑穿梭机器人运行过程中选择的路径为最短路径且用时最短的路径，不考虑多穿梭机器人运行冲突的条件下，通过研究其中系统结构对一层的提升机和穿梭机器人的性能影响，从而考察对整个系统性能的影响。本实验从以下三个方面进行研究：

一是验证算法的有效性。假设在固定系统参数下，通过研究不同的达到率下系统订单的完成周期、提升机的利用率、穿梭机器人的利用率以及外部队列的仿真结果和解法求解结果，来验证本章建立的绩效评估模型以及解法的有效性和准确性。

二是在系统固定货位数下，通过灵敏度分析研究不同巷道数、列数的配置情况下对系统的任务完成周期、提升机的利用率、穿梭机器人的利用率、外部队列以及吞吐量大小等性能的影响，进而总结系统的巷道数、列数对系统性能的影响规律。

三是在不同货位总数的条件下，研究系统层数对系统总吞吐能力的影响。

本书所有实验均由 Inter（R）Core（TM）i5-3210M CPU@ 2.50GHz 双核处理器 8.00G 内存的计算机进行，仿真在 MATLAB 2019b 上完成。

在第一个实验验证绩效评估模型的有效性和准确性。根据实际项目中系统机械结构的特性及其参数，跨巷道穿梭机器人仓储系统的具体结构参数如表 4-2 所示。系统的其他假设参数如表 4-3 所示，在不同的达到率的情况下各进行 100 次实验，取平均值作为仿真实验的结果，与本章第二节第三部分的解法所得到的结果进行对比。

表 4-2　CASBS/RS 系统的主要参数

参数	数值
单个存储货位的长度（米）	0.8
单个存储货位的宽度（米）	0.8
单层存储货架的高度（米）	0.8
单个存储巷道的宽度（米）	1.2
横向导轨的宽度（米）	1.2
巷道穿梭机器人的最大速度（米/秒）	2
高速提升机的最大速度（米/秒）	3
巷道穿梭机器人的加速度（米/二次方秒）	2
高速提升机的加速度（米/二次方秒）	3
每个坐标单元货架列数	5

资料来源：笔者根据材料绘制。

表 4-3　CASBS/RS 系统的其他假设参数

货位数总数	列数	巷道数	层数	横向导轨数	提升机	穿梭机器人数
10000	100	5	10	10	1	3

资料来源：笔者根据材料绘制。

通过表 4-4 仿真输出的结果和计算结果对比可以发现，在不同达到率的情况下，系统订单的完成周期、提升机的利用率、穿梭机器人的利用率以及外部队列的计算结果和仿真结果的误差均在±1%以内，验证了此绩效评估模型和解法的有效性和准确性。

表 4-4 仿真结果与计算结果对比

达到率（箱/小时）	计算结果				仿真结果			
	任务周期（秒）	提升机利用率	穿梭机器人利用率	外部队长	任务周期（秒）	提升机利用率	穿梭机器人利用率	外部队长
30	68.56	0.017	0.189	0.005	69.54	0.017	0.187	0.005
40	69.34	0.023	0.252	0.015	69.88	0.024	0.253	0.015
50	70.60	0.028	0.315	0.036	70.30	0.028	0.325	0.036
60	72.48	0.034	0.378	0.075	71.52	0.034	0.376	0.075
70	75.19	0.040	0.441	0.140	74.33	0.040	0.440	0.143
80	79.02	0.045	0.504	0.245	80.15	0.046	0.510	0.245
90	84.41	0.051	0.567	0.410	84.32	0.051	0.566	0.421
100	92.14	0.057	0.630	0.670	92.88	0.056	0.632	0.672
110	103.60	0.063	0.693	1.087	103.80	0.063	0.693	1.085
120	121.60	0.068	0.756	1.786	120.50	0.067	0.757	1.790
130	152.90	0.074	0.819	3.066	151.20	0.075	0.823	3.070
140	218.70	0.080	0.882	5.863	219.50	0.083	0.879	5.859
150	437.30	0.085	0.945	15.380	438.50	0.088	0.949	15.390
155	985.50	0.088	0.976	39.500	987.20	0.090	0.980	39.510

资料来源：笔者根据实验结果绘制。

第二个实验研究系统巷道数和列数对系统性能的影响。系统中提升机数和穿梭机器人数不变，根据系统实际情况假设系统货架深位为单深位，需求的总货位数为 10000，每个坐标单元中的货位列数为 5 列。当层数分别为 5 层和 10 层的时候，通过改变系统的列数、巷道数来研究系统在不同达到率情况下，系统中完成一个任务的任务周期、提升机和穿梭机器人的利用率、外部队列情况以及系统吞吐量的变化情况，从而总结其影响因素。

通过改变系统的参数得到实验结果数据如表 4-5～表 4-10 所示。

表 4-5 不同系统参数的性能指标（1）

系统参数	数值	达到率（箱/小时）	任务周期	提升机利用率	穿梭机器人利用率	外部队长	吞吐量（箱/小时）
货位总数	10000	30	68.03	0.017	0.14	0	211.68
列数	100	50	68.36	0.03	0.24	0.01	211.68
层数	10	70	69.29	0.04	0.33	0.02	211.68
巷道数	5	90	71.24	0.05	0.43	0.08	211.68
横向导轨数	20	110	74.91	0.06	0.52	0.21	211.68
提升机数	1	130	81.54	0.07	0.61	0.49	211.68
穿梭机器人数	4	140	86.73	0.08	0.66	0.73	211.68
		150	93.95	0.09	0.71	1.08	211.68
		160	104.39	0.09	0.76	1.61	211.68
		180	146.98	0.10	0.85	3.95	211.68
		190	199.21	0.11	0.90	6.92	211.68
		200	343.57	0.11	0.95	15.31	211.68
		210	2393.60	0.12	0.99	135.66	211.68

资料来源：笔者根据实验结果绘制。

表 4-6　不同系统参数的性能指标（2）

系统参数	数值	达到率（箱/小时）	任务周期	提升机利用率	穿梭机器人利用率	外部队长	吞吐量（箱/小时）
货位总数	10000	30	67.12	0.02	0.14	0	214.2
列数	10	50	67.43	0.03	0.23	0	214.2
层数	10	70	68.30	0.04	0.33	0.02	214.2
巷道数	50	90	70.14	0.05	0.42	0.08	214.2
横向导轨数	2	110	73.57	0.06	0.51	0.20	214.2
提升机数	1	130	79.72	0.07	0.61	0.45	214.2
穿梭机器人数	4	140	84.49	0.08	0.65	0.67	214.2
		150	91.08	0.09	0.70	1	214.2
		160	100.46	0.09	0.75	1.48	214.2
		170	114.51	0.10	0.79	2.24	214.2
		180	137.27	0.10	0.84	3.51	214.2
		190	179.43	0.11	0.89	5.93	214.2
		200	281.41	0.11	0.93	11.90	214.2

资料来源：笔者根据实验结果绘制。

表 4-7　不同系统参数的性能指标（3）

系统参数	数值	达到率（箱/小时）	任务周期	提升机利用率	穿梭机器人利用率	外部队长	吞吐量（箱/小时）
货位数	10000	30	47.37	0.02	0.10	0	303.12
列数	25	50	47.44	0.03	0.16	0	303.12
层数	10	70	47.63	0.04	0.23	0	303.12
巷道数	20	90	48.01	0.05	0.30	0.02	303.12

续表

系统参数	数值	达到率（箱/小时）	任务周期	提升机利用率	穿梭机器人利用率	外部队长	吞吐量（箱/小时）
横向导轨数	5	110	48.68	0.06	0.36	0.04	303.12
提升机数	1	130	49.75	0.07	0.43	0.08	303.12
穿梭机器人数	4	190	57.73	0.11	0.63	0.54	303.12
		200	60.35	0.11	0.66	0.72	303.12
		210	63.64	0.12	0.69	0.94	303.12
		240	80.75	0.14	0.79	2.22	303.12
		270	131.49	0.15	0.89	6.30	303.12
		290	298.77	0.16	0.96	20.24	303.12
		300	1225.80	0.17	0.99	98.19	303.12

资料来源：笔者根据实验结果绘制。

表 4-8　不同系统参数的性能指标（4）

系统参数	数值	达到率（箱/小时）	任务周期	提升机利用率	穿梭机器人利用率	外部队长	吞吐量（箱/小时）
货位总数	10000	30	112.95	0.01	0.12	0	254.88
列数	10	50	112.96	0.02	0.20	0	254.88
层数	5	70	113.01	0.02	0.27	0	254.88
巷道数	100	90	113.17	0.03	0.35	0.01	254.88
横向导轨数	2	110	113.67	0.04	0.43	0.02	254.88
提升机数	1	130	114.86	0.04	0.51	0.07	254.88
穿梭机器人数	8	160	119.47	0.05	0.63	0.29	254.88
		170	122.39	0.06	0.67	0.44	254.88
		180	126.50	0.06	0.71	0.68	254.88

续表

系统参数	数值	达到率（箱/小时）	任务周期	提升机利用率	穿梭机器人利用率	外部队长	吞吐量（箱/小时）
		190	132.36	0.06	0.75	1.02	254.88
		200	140.94	0.07	0.78	1.55	254.88
		210	154.05	0.07	0.82	2.39	254.88
		220	175.58	0.07	0.86	3.82	254.88
		230	215.71	0.08	0.90	6.56	254.88
		240	311.99	0.08	0.94	13.27	254.88
		250	812.85	0.09	0.98	48.60	254.88

资料来源：笔者根据实验结果绘制。

表 4-9　不同系统参数的性能指标（5）

系统参数	数值	达到率（箱/小时）	任务周期	提升机利用率	穿梭机器人利用率	外部队长	吞吐量（箱/小时）
货位数	10000	30	72.35	0.01	0.075	0	397.44
列数	100	50	72.36	0.02	0.13	0	397.44
层数	5	70	72.36	0.02	0.18	0	397.44
巷道数	10	90	72.37	0.03	0.23	0	397.44
横向导轨数	20	110	72.40	0.04	0.28	0	397.44
提升机数	1	130	72.46	0.04	0.33	0	397.44
穿梭机器人数	8	250	76.61	0.09	0.63	0.29	397.44
		290	83.14	0.10	0.73	0.86	397.44
		310	89.52	0.11	0.78	1.47	397.44
		330	100.46	0.11	0.83	2.57	397.44
		360	141.32	0.12	0.91	6.89	397.44

续表

系统参数	数值	达到率（箱/小时）	任务周期	提升机利用率	穿梭机器人利用率	外部队长	吞吐量（箱/小时）
		380	250.07	0.13	0.96	18.75	397.44
		390	525.05	0.13	0.98	49.03	397.44

资料来源：笔者根据实验结果绘制。

表 4-10　不同系统参数的性能指标（6）

系统参数	数值	达到率（箱/小时）	任务周期	提升机利用率	穿梭机器人利用率	外部队长	吞吐量（箱/小时）
货位数	10000	30	61.25	0.01	0.06	0	469.08
列数	30	50	61.25	0.02	0.11	0	469.08
层数	5	70	61.26	0.02	0.15	0	469.08
巷道数	33	90	61.27	0.03	0.19	0	469.08
横向导轨数	6	110	61.28	0.04	0.23	0	469.08
提升机数	1	130	61.30	0.04	0.28	0	469.08
穿梭机器人数	8	270	63.41	0.09	0.57	0.16	469.08
		300	65.26	0.10	0.64	0.33	469.08
		330	68.47	0.11	0.70	0.65	469.08
		350	71.89	0.12	0.75	1.02	469.08
		380	80.68	0.81	1.52	2.04	469.08
		410	99.79	0.14	0.87	4.38	469.08
		430	129.92	0.15	0.92	8.19	469.08
		450	224.64	0.15	0.96	20.41	469.08
		460	427.65	0.16	0.98	46.80	469.08

资料来源：笔者根据实验结果绘制。

首先，对比表4-5、表4-6及表4-7与表4-8、表4-9及表4-10可以发现在相同层数的情况下，当达到率较小的时候，不同巷道数和列数的配置参数对任务的完成周期影响不大，当达到率较大的时候，不同巷道数和列数的配置参数对任务的完成周期影响比较大。当系统的巷道数和列数差值小的时候，系统的吞吐能力比巷道数和列数的差值大的时候要大。

其次，对比表4-5与表4-9，表4-7与表4-8和表4-6与表4-10，在相似巷道数和列数比例的情况下，当达到率较小的时候，不同的层数对任务的完成周期影响不大，当达到率较大的时候，不同的层数对任务的完成周期影响比较大。

进一步研究不同层数对系统总吞吐能力的影响，第三个实验是在当系统的在货位总数分别为6000、10000、16000，且巷道数和列数的差值相差最小的情况下，研究不同的层数对系统总吞吐能力的影响，此时系统中的穿梭机器人总数保持一致，如表4-11、表4-12和表4-13所示，系统货位总数分别为6000、10000，系统层数为5时，系统的吞吐能力最强；系统货位总数为16000，系统层数为10时，系统的吞吐能力最强。结果表明，系统层数的设置对系统总吞吐能力的大小也有影响，并且存在最优的层数使得系统的总吞吐能力最强。

表4-11　不同层数对系统总吞吐量的影响（1）

货位总数	层数	巷道数	列数	横向导轨数	穿梭机器人数	单层吞吐量	总吞吐量
6000	2	38	40	8	15	772.2	1544.4
6000	3	33	30	6	10	591.48	1774.44

续表

货位总数	层数	巷道数	列数	横向导轨数	穿梭机器人数	单层吞吐量	总吞吐量
6000	5	24	25	5	6	428.4	2142
6000	10	20	15	3	3	171	1710
6000	15	20	10	2	2	91.08	1366.2

资料来源：笔者根据实验结果绘制。

表 4-12　不同层数对系统总吞吐量的影响（2）

货位总数	层数	巷道数	列数	横向导轨数	穿梭机器人数	单层吞吐量	总吞吐量
10000	2	50	50	10	20	838.08	1676.16
10000	4	36	35	7	10	542.52	2170.08
10000	5	33	30	6	8	469.08	2345.4
10000	10	20	25	5	4	214.2	2142
10000	20	17	15	3	2	88.56	1771.2

资料来源：笔者根据实验结果绘制。

表 4-13　不同层数对系统总吞吐量的影响（3）

货位总数	层数	巷道数	列数	横向导轨数	穿梭机器人数	单层吞吐量	总吞吐量
16000	2	67	60	12	30	1013.76	2027.52
16000	4	44	45	9	15	685.8	2743.2
16000	5	40	40	8	12	593.28	2966.4
16000	10	27	30	6	6	380.88	3808.8
16000	20	20	20	4	3	155.52	3110.4

资料来源：笔者根据实验结果绘制。

第五节　本章小结

本章首先通过改进的 Dijkstra 算法对跨巷道穿梭机器人仓储系统中的穿梭机器人的路径进行了优化，使穿梭机器人选择的路径距离最短且行驶时间最短。其次对该跨巷道穿梭机器人仓储系统建立半开环排队网络模型，在考虑穿梭机器人路径优化的基础上对系统中穿梭机器人和提升机进行作业时间分析，设计了基于 AMVA 的解法进行求解，通过实验验证了解法的有效性，并进一步地分析，从而得出了以下结论：

第一，在巷道数和列数相差最小的情况下，系统的吞吐能力最大。

第二，在不同货位数的情况下，存在使系统吞吐能力最大的最优层数、巷道数、列数。

第五章

跨层跨巷道穿梭机器人仓储系统存储策略问题研究

在穿梭机器人仓储系统中，单层穿梭机器人仓储系统在每一层中都有一个穿梭机器人在固定的巷道中进行往复运动，不能进行跨层和跨巷道的作业，垂直方向上由巷道前端的高速提升机完成，虽然拣选效率高，但是往往会造成穿梭机器人的资源浪费，跨层穿梭机器人仓储系统虽然可以通过提升机进行换层作业，但是由于货架巷道与巷道之间没有互通，穿梭机器人依然不能实现跨巷道的横向作业，穿梭机器人资源浪费的问题依然存在。跨层跨巷道穿梭机器人仓储系统相比其他穿梭机器人仓储系统具有柔性强、稳定性强、系统成本更低的优势。

以往的穿梭机器人仓储系统中一般采用随机存储的方式，本章选取柔性化程度最高的跨层跨巷道穿梭机器人仓储系统作为研究对象，提出了基于周转率的分类存储策略，并建立了半开环排队网络绩效评估模型，通过仿真实验验证了模型和解法的有效性。并进一步分析了如何将基于分类的存储策略应用到跨层跨巷道穿梭机器人仓储系统中，以获得更高的性能。

第一节　布局介绍和作业流程

本章研究的跨层跨巷道穿梭机器人仓储系统如图 5-1 所示，立体货架采用单深位的存储方式，每一个存储货位只放置一个 SKU 周转箱。在

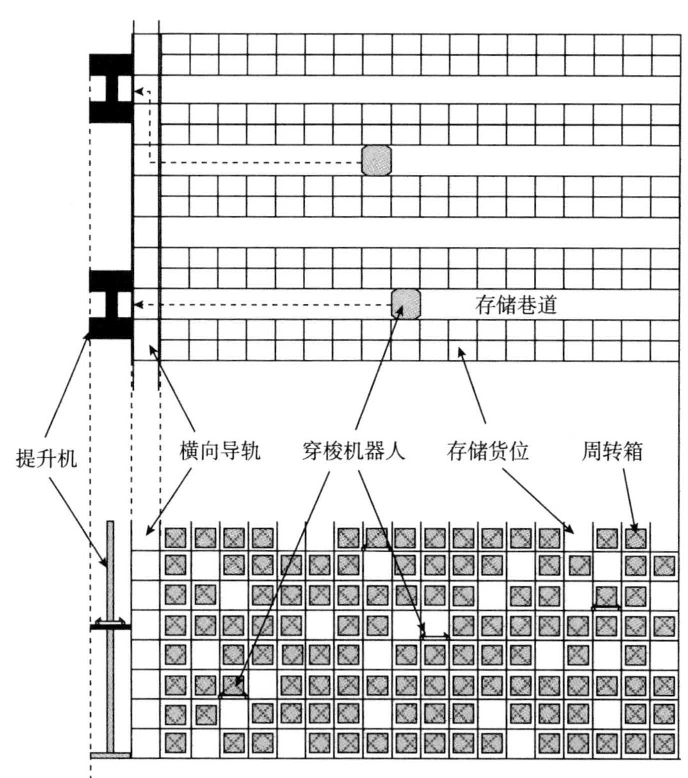

图 5-1　跨层跨巷道穿梭机器人仓储系统

资料来源：笔者绘制。

货架每层的前段设置一条可以横跨巷道的横向导轨，穿梭机器人可以通过横向导轨实现跨巷道的作业运动。在导轨前段有出入库提升机，一组提升机对应多条巷道，用来实现穿梭机器人的跨层作业。

对于不跨巷道的穿梭机器人仓储系统来说，每个巷道都得配置一个提升机来实现货物垂直方向的运动，当出现提升机故障时，就会出现该巷道无法进行出入库作业的问题。在跨层跨巷道穿梭机器人仓储系统中，提升机以及穿梭机器人都可以进行同类之间的相互替代，即使某个提升机或者穿梭机器人出现故障，也不影响系统的正常运行，系统可以通过调度其他的提升机或者穿梭机器人进行作业服务，这也体现出了跨层跨巷道穿梭机器人仓储系统的很高的系统稳定性。

对于企业来说，企业可以根据当前所需要的吞吐量，能够较好地从物理参数上通过增加或者减少穿梭机器人的数量来调整满足当前吞吐量，并且具有成本优势，避免不必要的资源过剩浪费。

跨层跨巷道穿梭机器人仓储系统单指令下的出库作业流程如图 5-2 所示：

第一步，当出库订单到达时，出库订单按照先到先服务的原则请求空闲的穿梭机器人进行服务，如果此时有空闲的穿梭机器人，那么任务和穿梭机器人匹配成功；如果此时没有空闲穿梭机器人，那么任务将进入等待队列，等待空闲穿梭机器人与之匹配。

第二步，匹配成功的穿梭机器人运行至目标货位，根据当前匹配成功的穿梭机器人的位置不同，又可分为以下情况：

第一种情况，如果在目标层，那么穿梭机器人通过导轨运行到目标货位的位置；第二种情况，如果穿梭机器人不在目标层，那么就要请求

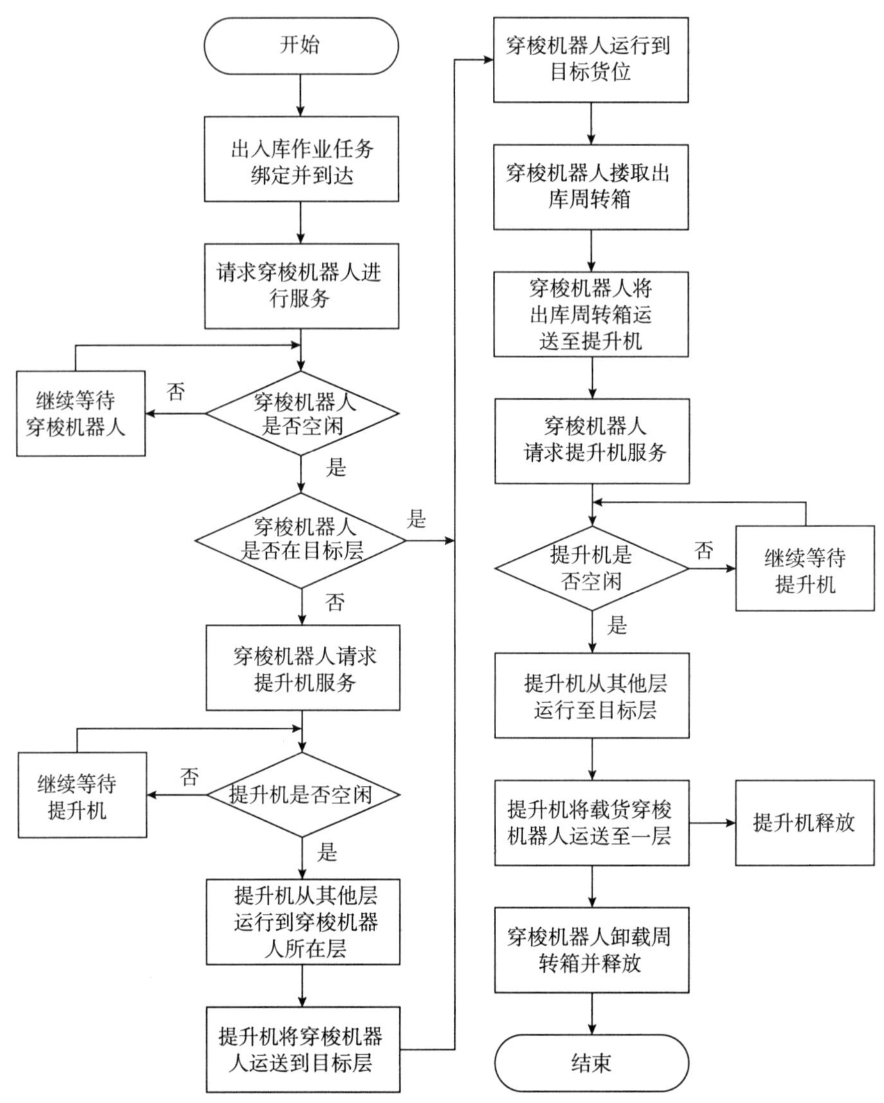

图 5-2　跨层跨巷道穿梭机器人仓储系统作业流程

资料来源：笔者绘制。

该目标货位所在巷道负责的提升机进行服务，通过提升机的垂直作业，到达货位所在层后，运行到目标货位所在的位置。

第三步，穿梭机器人进行搂取作业，将待出库周转箱搂取到穿梭机器人上。

第四步，载货穿梭机器人请求对应的提升机服务，如果提升机空闲，那么提升机将载货穿梭机器人运送到一层；如果提升机正在工作，那么载货穿梭机器人进入等待队列，等待提升机的服务。

第五步，提升机将载货穿梭机器人运送到一层，提升机释放进入空闲状态；穿梭机器人将周转箱卸载，穿梭机器人释放并进入空闲状态。

第二节　系统假设及作业分析

为了方便本书的研究，跨层跨巷道的穿梭机器人仓储系统的运行符合以下假设：

（1）遵循 POSC（Point-of-Service-Completion）原则，即穿梭机器人和提升机完成任务之后，就停靠在上个任务完成的位置。

（2）遵循 FCFS（First-Come First-Served）原则，即穿梭机器人、提升机以及拣货台均按照先到先服务的原则对接收到的请求进行服务。

（3）提升机和穿梭机器人同一拣选任务的情况下，只能运输一个货物周转箱。

（4）任务的到达率服从参数为 λ 的泊松分布，每个服务设备的服务时间均服从指数分布。

（5）每台服务设备承载周转箱的数量不超过 1 个。

（6）不考虑跨层跨巷道的穿梭机器人运行的死锁和堵塞。

如图 5-3 所示，对于跨层跨巷道穿梭机器人仓储系统，通常一组提升机负责多个巷道的垂直作业。提升机放置在中间巷道。假设一组提升机负责 n_{AL} 个巷道，如果 n_{AL} 为奇数，那么提升机的位置位于从左至右起第$\frac{n_{AL}+1}{2}$个巷道处；如果 n_{AL} 为偶数，那么提升机的位置位于从左至右起第$\frac{n_{AL}}{2}$个巷道处。由于系统运行过程中，我们假设所有提升机组中的需要跨巷道作业的任务量是平衡的，那么，我们可以把一个提升机对应的几组巷道作为一个作业单元进行研究。

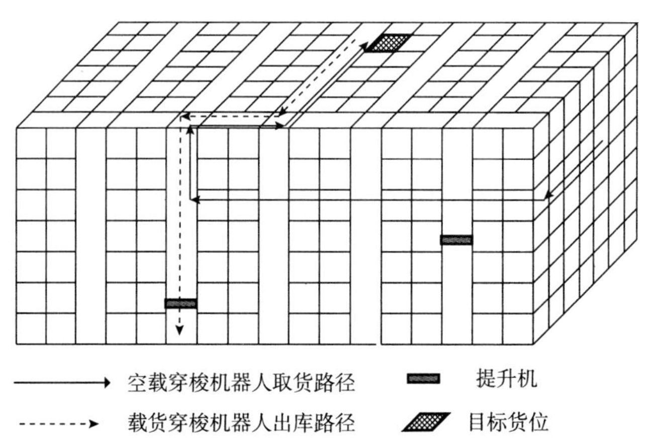

图 5-3　穿梭机器人出库作业动线

资料来源：笔者绘制。

一、无分区的服务时间分析

无分区的情况下，假设系统采用随机存储策略，那么单指令作业下，根据穿梭机器人的初始位置，可以分为以下情况：

当穿梭机器人在目标层且在目标巷道时的概率为：

$$P_1=\frac{C_{n_Tn_{A-1}}^{N-1}}{C_{n_Tn_A}^{N}} \tag{5-1}$$

当穿梭机器人在目标层且不在目标巷道时的概率为：

$$P_2=\frac{\sum_{i=2}^{n_A}C_{n_Tn_{A-1}}^{N-1}}{C_{n_Tn_A}^{N}} \tag{5-2}$$

当穿梭机器人不在货物目标层时的概率为：

$$P_3=\frac{C_{n_Tn_A}^{N}-C_{n_Tn_{A-1}}^{N-1}-\sum_{i=2}^{n_A}C_{n_Tn_{A-1}}^{N-1}}{C_{n_Tn_A}^{N}} \tag{5-3}$$

根据跨层跨巷道穿梭机器人仓储系统在单指令下出库作业流程：

（1）一开始穿梭机器人的位置可能在系统中的任意位置，这时候穿梭机器人要运行到目标货位所在的提升机负责的巷道口等待提升机进行服务，首先穿梭机器人要从第 j 列运行到第 1 列，根据本书第三章图 3-4 穿梭机器人和提升机的运动特征，运行时间 t_{S1} 可以表示为：

$$t_{S1}=\begin{cases}\sqrt{\dfrac{2jl_S}{a_S}}, & j\leqslant n_{C0}\\[2ex] \dfrac{jl_S}{v_S}+\dfrac{v_S}{a_S}, & n_{C0}<j\leqslant n_C\end{cases} \tag{5-4}$$

$$n_{C0}=\left\lfloor\frac{v_S^2}{a_Sl_S}\right\rfloor \tag{5-5}$$

式中，n_{C0} 表示穿梭机器人从 0 加速到最大速度后马上减速到 0 时经过的列数。

那么穿梭机器人从第 j 列运行到第 1 列的平均服务时间为：

$$T_{S1} = \frac{1}{n_C}\left[\sum_{j=1}^{n_{C0}}\sqrt{\frac{2jl_S}{a_S}} + \sum_{j=n_{C0}}^{n_C}\left(\frac{jl_S}{v_S} + \frac{v_S}{a_S}\right)\right] \tag{5-6}$$

（2）穿梭机器人运行到第一列后，沿着横向滑轨运行到目标提升机的位置，那么穿梭机器人从第 j 个巷道运行到第 i 个巷道的运行时间 t_{S2} 可以表示为：

$$t_{S2}=\begin{cases}\sqrt{\dfrac{2\left|i-j\right|(2w_S+w_A)}{a_S}}, & \left|i-j\right|\leqslant n_{C0}\\[2ex] \dfrac{\left|i-j\right|(2w_S+w_A)}{v_S}+\dfrac{v_S}{a_S}, & n_{C0}<\left|i-j\right|\leqslant n_C\end{cases} \tag{5-7}$$

$$n_{A0}=\left\lfloor\frac{v_S^2}{a_S(2w_S+w_A)}\right\rfloor \tag{5-8}$$

式中，n_{A0} 表示跨层跨巷道的穿梭机器人在横向滑轨运动时从 0 加速到最大速度后马上减速到 0 所经过的巷道数。

穿梭机器人从第 i 个巷道运行到第 j 个巷道的可能性共有 n_{A^2} 种，那么穿梭机器人从第 i 个巷道运行到第 j 个巷道的平均服务时间如下所示：

$$T_{S2} = \frac{2}{nA^2}\sum_{i=n_A-n_{A0}+1}^{n_A}\sum_{j=i}^{n_A}\sqrt{\frac{2\left|j-i\right|(2w_S+w_A)}{a_l}} + \frac{2}{nA^2}\sum_{i=1}^{n_A-n_{A0}}\left[\sum_{j=i}^{i+n_{A0}}\sqrt{\frac{2\left|j-i\right|(2w_S+w_A)}{a_S}} + \sum_{j=i+n_{A0}+1}^{n_A}\left(\frac{\left|j-i\right|(2w_S+w_A)}{v_S} + \frac{v_S}{a_S}\right)\right] \tag{5-9}$$

（3）运行到目标巷道的位置之后，如果不在目标层的话，那么会请求提升机服务，将穿梭机器人从当前层运送到目标层。

假设穿梭机器人在 i 层，目标层在 j 层。那么提升机将穿梭机器人从当前层 i 运输到目标层 j 的时间 t_{l1} 为：

$$t_{l1}=\begin{cases}\sqrt{\dfrac{2|j-i|h_T}{a_l}}, & |j-i|\leqslant n_{T0}\\[2ex] \dfrac{|j-i|h_T}{v_l}+\dfrac{v_l}{a_l}, & n_{T0}<|j-i|\leqslant n_T\end{cases} \tag{5-10}$$

$$n_{T0}=\left\lfloor\frac{v_l^2}{a_lh_T}\right\rfloor \tag{5-11}$$

式中，n_{T0} 表示提升机加速到最大速度后马上减速到 0 至少需要的层数。

提升机从第 i 层到第 j 层的运动有 n_{T^2} 种可能性，那么提升机从第 i 层到第 j 层的平均服务时间 T_{l1} 为：

$$T_{l1}=\frac{2}{n_T^2}\sum_{i=n_T-n_{T0}+1}^{n_T}\sum_{j=i}^{n_T}\sqrt{\frac{2|j-i|h_T}{a_l}}+\frac{2}{n_T^2}\sum_{i=1}^{n_T-n_{T0}}\left[\sum_{j=i}^{i+n_{T0}}\sqrt{\frac{2|j-i|h_T}{a_l}}+\sum_{j=i+n_{T0}+1}^{n_T}\left(\frac{|j-i|h_T}{v_l}+\frac{v_l}{a_l}\right)\right] \tag{5-12}$$

（4）当穿梭机器人到达所在目标层之后，穿梭机器人要到达目标货位搂取周转箱，我们之前讨论了周转箱位于作业单元的位置情况，为了更好地展开研究，并且通过调研多个实际系统的结构，在这里我们假设一组提升机负责三个巷道的作业，周转箱位于中间巷道的概率为 1/3，穿梭机器人横向移动的时间为 0；当位于两边巷道时，穿梭机器人此时横向移动的时间为：

$$t_{S3}=\begin{cases}\sqrt{\dfrac{2(2w_s+w_A)}{a_S}}, & 2w_s+w_A\leqslant\dfrac{v_S}{2a_S}\\[2ex] \dfrac{2w_s+w_A}{v_S}+\dfrac{v_S}{a_S}, & 2w_s+w_A>\dfrac{v_S}{2a_S}\end{cases} \tag{5-13}$$

从式中可以看出，所有的参数都是固定不变的，不涉及变量的存在，那么这里穿梭机器人横向移动的时间 t_{S3} 为固定常量。

穿梭机器人横向移动的平均时间为：

$$T_{S3}=\frac{2t_{S3}}{3} \tag{5-14}$$

穿梭机器人沿巷道从第 1 列到达目标货位 i 列的时间为：

$$t_{S4}=t_{S1}=\begin{cases}\sqrt{\dfrac{2il_S}{a_S}}, & i\leqslant n_{C0}\\[2ex] \dfrac{il_S}{v_S}+\dfrac{v_S}{a_S}, & n_{C0}<i\leqslant n_C\end{cases} \tag{5-15}$$

穿梭机器人沿巷道从第 1 列到达目标货位 i 列的平均服务时间为：

$$T_{S4}=T_{S1}=\frac{1}{n_C}\left[\sum_{i=1}^{n_{C0}}\sqrt{\frac{2il_S}{a_S}}+\sum_{i=n_{C0}}^{n_C}\left(\frac{il_S}{v_S}+\frac{v_S}{a_S}\right)\right] \tag{5-16}$$

（5）如果穿梭机器人和目标货位在同一层且同一个巷道，那么穿梭机器人沿列的方向上从第 i 列运行到第 j 列所用的时间为：

$$t_{S5}=\begin{cases}\sqrt{\dfrac{2|j-i|l_S}{a_S}}, & |j-i|\leqslant n_{C0}\\[2ex] \dfrac{|j-i|l_S}{v_S}+\dfrac{v_S}{a_S}, & n_{C0}<|j-i|\leqslant n_C\end{cases} \tag{5-17}$$

$$n_{C0}=\left\lfloor\frac{v_S^2}{a_Sl_S}\right\rfloor \tag{5-18}$$

穿梭机器人沿列的方向上从第 i 列运行到第 j 列所用的平均运行时间为：

$$T_{S5}=\frac{2}{n_C^2}\sum_{i=n_C-n_{C0}+1}^{n_C}\sum_{j=i}^{n_C}\sqrt{\frac{2|j-i|l_S}{a_S}}+\frac{2}{n_C^2}\sum_{i=1}^{n_C-n_{C0}}\left[\sum_{j=i}^{i+n_{C0}}\sqrt{\frac{2|j-i|l_S}{a_S}}+\sum_{j=i+n_{C0}+1}^{n_C}\left(\frac{|j-i|l_S}{v_l}+\frac{v_S}{a_S}\right)\right] \tag{5-19}$$

（6）穿梭机器人取完货物以后，请求提升机服务，提升机将从货物目标层 i 运行到第 1 层，其平均服务时间为：

$$T_{l2}=\frac{1}{n_T}\left[\sum_{i=1}^{n_{T0}}\sqrt{\frac{2ih_T}{a_l}}+\sum_{i=n_{T0}}^{n_T}\left(\frac{ih_T}{v_l}+\frac{v_l}{a_l}\right)\right] \tag{5-20}$$

综上可得：

当任务到达后，穿梭机器人第一次服务的平均服务时间为：

$$T_{shuttle1}=P_3(T_{S1}+T_{S2}) \tag{5-21}$$

提升机第一次服务的平均服务时间为：

$$T_{lift1}=P_3T_{l1} \tag{5-22}$$

穿梭机器人第二次服务的平均服务时间为：

$$T_{shuttle2}=P_3(T_{S1}+T_{S3}+T_{S4})+P_2(T_{S1}+T_{S2}+T_{S4})+P_1T_{S5} \tag{5-23}$$

提升机第二次服务的平均时间为：

$$T_{lift2}=T_{l2} \tag{5-24}$$

二、水平方向分区的服务时间分析

如图 5-4 所示，根据货物拣选订单到达率的高低，系统在水平方向上进行分区，根据存储货物的周转率将货物分为几个类别，具有高的周转率的周转箱放置在离提升机近的 A 区，周转率较低的放置在 B 区，剩下的一类放置在 C 区。在同一存储类别的区域内，所有的货物均被随机存储。这种水平方向上的分区，只影响到了穿梭机器人的平均运行时间，由于每一层都是一样的分区方式，那么提升机对每一层的到达概率都是相同的。

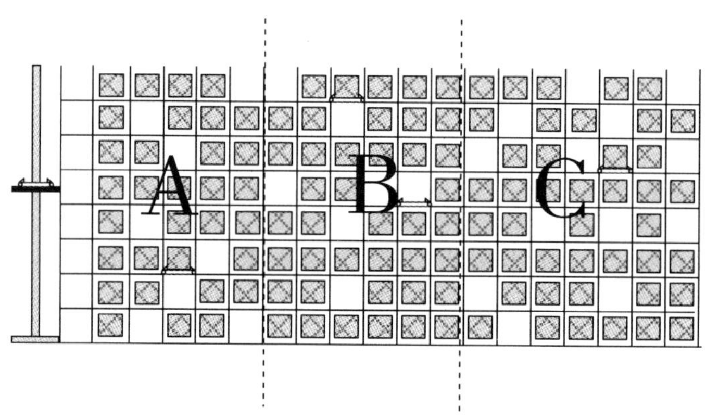

图 5-4　系统水平方向上的分区

资料来源：笔者绘制。

假设 A 区覆盖的列数为 n_{CA}，B 区覆盖的列数为第 n_{CA} 列到第 n_{CB} 列，剩下的为 C 区，那么 A 区的货位数为 $n_{SL_A}=n_{CA}\times n_T\times n_A$。为了方便表达，在无分区的情况下，穿梭机器人沿列的方向从第 1 列到目标货物所在的第 i 列的平均服务时间的函数为：

$$T_{S4}=\frac{1}{n_C}\left[\sum_{i=1}^{n_{C0}}\sqrt{\frac{2il_S}{a_S}}+\sum_{i=n_{C0}}^{n_C}\left(\frac{il_S}{v_S}+\frac{v_S}{a_S}\right)\right]$$

$$= \frac{1}{n_C}\sum_{i=1}^{n_C} t(n_{Ci} \times l_S) \tag{5-25}$$

式中，t（$n_{Ci}\times l_s$）表示穿梭机器人从第 1 列到第 i 列所运行的时间，n_{Ci} 表示 i 列。

水平分区情况下，穿梭机器人沿列的方向从第 1 列到目标货位第 i 列的平均服务时间为：

$$T'_{S4} = \varepsilon_A \frac{1}{n_{CA}}\sum_{i=1}^{n_{CA}} t(n_{Ci} \times l_S) + \varepsilon_B \frac{1}{n_{CB}}\sum_{i=1}^{n_{CB}} t(|n_{CA} \times l_S + n_{Ci} \times l_S|) + \varepsilon_C \frac{1}{n_{CC}}\sum_{i=1}^{n_{CC}} t(|n_{CB} \times l_S + n_{Ci} \times l_S|) \tag{5-26}$$

式中，ε_A、ε_B、ε_C 分别表示从区域 A、B、C 中拣货的概率，第一项描述了穿梭机器人在区域 A 中运行的平均时间，第二项描述了在区域 B 中运行的平均时间，这里面包括穿越区域 A 的时间。

因为水平分区下，提升机的平均服务时间和分区的平均服务时间相同，仅穿梭机器人第二次的服务时间不同，那么穿梭机器人第二次的平均服务时间为：

$$T_{shuttle2} = P_3(T_{S1}+T_{S3}+T_{S4}') + P_2(T_{S1}+T_{S2}+T_{S4}') + P_1 T_{S5} \tag{5-27}$$

如果有 N 个分区的话，此时穿梭机器人第二次的平均服务时间中的只有 T_{S4} 产生变化：

$$T''_{S4} = \sum_{N=A,\ B,\ C,\ \cdots}^{n_{CN}} \varepsilon_A \times \frac{1}{n_{CN}}\sum_{i=1}^{n_{CN}} t\left(\left|\sum_{M=0}^{N-1} n_{CM} \times l_S + n_{Ci} \times l_S\right|\right) \tag{5-28}$$

三、垂直方向分区的服务时间分析

如图 5-5 所示，根据货物拣选订单到达率的高低，系统在垂直方向上进行分区，根据存储货物的周转率将货物分为几个类别，具有高的周转率的周转箱放置在离第一层近的 A 区，周转率较低的放置在 B 区，剩下的一类放置在 C 区。在同一存储类别的区域内，所有的货物均被随机存储。这种垂直方向上的分区，每一层在列的方向上均无分区上的区别，那么穿梭机器人在列和横向导轨上的运动平均时间和无分区一样，而提升机的到达时间会受到影响。

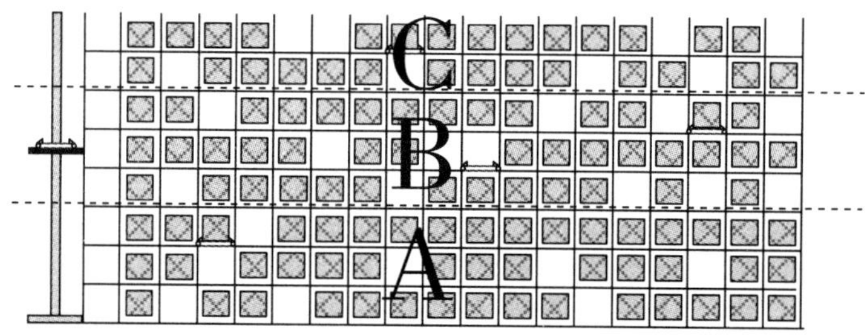

图 5-5　系统垂直方向上的分区

资料来源：笔者绘制。

假设 A 区覆盖的层数为 n_{T_A}，B 区覆盖的层数为第 n_{T_A} 层到第 n_{T_B} 层，剩下的层数为 C 区，那么 A 区的货位数为 $n_{SL_A}=n_{T_A}\times n_C\times n_A$。在无分区的情况下，提升机沿列的方向从目标货物所在的第 i 层到第 1 层的平均服务时间的函数为：

$$
\begin{aligned}
T_{l2} &= \frac{1}{n_T}\left[\sum_{i=1}^{n_{T0}}\sqrt{\frac{2ih_T}{a_l}} + \sum_{i=n_{T0}}^{n_T}\left(\frac{ih_T}{v_l}+\frac{v_l}{a_l}\right)\right] \\
&= \frac{1}{n_T}\sum_{i=1}^{n_T} t(n_{Ti}\times h_T)
\end{aligned}
\tag{5-29}
$$

垂直方向分区的情况下，提升机沿垂直方向从目标货位层 i 到第 1 层的平均服务时间为：

$$T'_{l2} = \varepsilon_A \frac{1}{n_{TA}} \sum_{i=1}^{n_{TA}} t(n_{Ti} \times h_T) + \varepsilon_B \frac{1}{n_{TB}} \sum_{i=1}^{n_{TB}} t(|n_{TA} \times h_T + n_{Ti} \times h_T|) +$$

$$\varepsilon_C \frac{1}{n_{TC}} \sum_{i=1}^{n_{TC}} t(|n_{TB} \times h_T + n_{Ti} \times h_T|) \tag{5-30}$$

式中，ε_A、ε_B、ε_C 分别表示从区域 A、B、C 中拣货的概率，第一项描述了提升机在区域 A 中运行的平均时间，第二项描述了在区域 B 中运行的平均时间，这里面包括穿越区域 A 的时间。

在无分区的情况下，提升机沿垂直方向从第 j 层到穿梭机器人所在的第 i 层的平均服务时间的函数为：

$$T_{l1} = \frac{2}{n_T^2} \sum_{i=n_T-n_{T0}+1}^{n_T} \sum_{j=i}^{n_T} \sqrt{\frac{2|j-i|h_T}{a_l}} +$$

$$\frac{2}{n_T^2} \sum_{i=1}^{n_T-n_{T0}} \left[\sum_{j=i}^{i+n_{T0}} \sqrt{\frac{2|j-i|h_T}{a_l}} + \sum_{j=i+n_{T0}+1}^{n_T} \left(\frac{|j-i|h_T}{v_l} + \frac{v_l}{a_l} \right) \right]$$

$$= \frac{1}{n_T^2} \sum_{i=1}^{n_T} \sum_{j=1}^{n_T} t \times (n_{T,\ |j-i|} \times h_T) \tag{5-31}$$

那么，垂直方向分区的情况下，提升机沿垂直方向从目标货位层 j 到第 i 层的平均服务时间为：

$$T'_{l1} = \varepsilon_A \varepsilon_A \frac{1}{n_{TA}^2} \sum_{i=1}^{n_{TA}} \sum_{j=1}^{n_{TA}} t(n_{T,\ |j-i|} \times h_T) +$$

$$\varepsilon_B \varepsilon_B \frac{1}{n_{TB}^2} \sum_{i=1}^{n_{TB}} \sum_{j=1}^{n_{TB}} t(n_{T,\ |j-i|} \times h_T) +$$

$$\varepsilon_C \varepsilon_C \frac{1}{n_{TC}^2} \sum_{i=1}^{n_{TC}} \sum_{j=1}^{n_{TC}} t(n_{T,\ |j-i|} \times h_T) +$$

$$\varepsilon_A\varepsilon_B \frac{2}{n_{TA} \times n_{TB}} \sum_{i=1}^{n_{TA}} \sum_{j=1}^{n_{TB}} t(n_{T,\ |n_{TA}-i|} \times h_T + n_{T,\ |j-i|} \times h_T) +$$

$$\varepsilon_A\varepsilon_C \frac{2}{n_{TA} \times n_{TC}} \sum_{i=1}^{n_{TA}} \sum_{j=1}^{n_{TC}} t(n_{T,\ |n_{TB}-i|} \times h_T + n_{T,\ |j-i|} \times h_T) +$$

$$\varepsilon_B\varepsilon_C \frac{2}{n_{TB} \times n_{TC}} \sum_{i=1}^{n_{TA}} \sum_{j=1}^{n_{TC}} t(n_{T,\ |n_{TB}-n_{TA}-i|} \times h_T + n_{T,\ |j-i|} \times h_T)$$

（5-32）

那么，提升机第一次服务的平均服务时间为：

$$T_{lift1} = P_3 \times T'_{l1} \tag{5-33}$$

提升机第二次服务的平均服务时间为：

$$T_{lift2} = T'_{l2} \tag{5-34}$$

四、水平和垂直方向综合分区的服务时间分析

如图 5-6 所示，根据货物拣选订单到达率的高低，系统在水平和垂直方向上进行综合分区，根据存储货物的周转率将货物分为几个类别，具有高的周转率的周转箱放置在离 I/O 近的 A 区，周转率较低的放置在 B 区，剩下的一类放置在 C 区。在同一存储类别的区域内，所有的货物均被随机存储。假设 A 区覆盖的层数为 n_{T_A}，列数为 n_{C_A}，B 区覆盖的层数为第 n_{T_A} 层到第 n_{T_B} 层，列数为第 n_{C_A} 列到第 n_{C_B} 列 ，剩下的层数为 C 区，那么 A 区的货位数为 $n_{SL_A} = n_{T_A} \times n_{C_A} \times n_A$。

从垂直方向上来说，最下面 A 区所在的层数包括 B 区域也包括 C 区域，那么下方区域中 A 区所占的比例为$\frac{n_{C_A}}{n_C}$，B 区所占的比例为$\frac{n_{C_B}-n_{C_A}}{n_C}$，

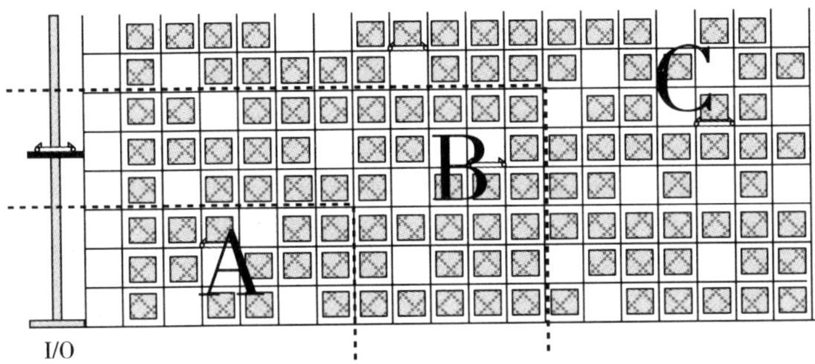

图 5-6 系统水平和垂直方向上的综合分区

资料来源：笔者绘制。

C 区所占的比例为$\frac{n_C - n_{CB}}{n_C}$，假设 ε_A、ε_B、ε_C 为从区域 A、B、C 中拣货的概率，那么提升机到下方区域的概率为：

$$\varepsilon_1 = \varepsilon_A \frac{n_{CA}}{n_C} + \varepsilon_B \frac{n_{CB} - n_{CA}}{n_C} + \varepsilon_C \frac{n_C - n_{CB}}{n_C} \tag{5-35}$$

中间区域 B 区所占的比例为$\frac{n_{CB}}{n_C}$，C 区所占的比例为$\frac{n_C - n_{CB}}{n_C}$，那么提升机到中间区域的概率为：

$$\varepsilon_2 = \varepsilon_B \frac{n_{CB}}{n_C} + \varepsilon_C \frac{n_C - n_{CB}}{n_C} \tag{5-36}$$

上方区域只有 C 区，那么提升机到达上方区域的概率就为 $\varepsilon_3 = \varepsilon_C$，所以可得提升机第一次的服务平均时间为：

$$T_{lift1} = P_3 \times T''_{l1} \tag{5-37}$$

$$T''_{l1} = \varepsilon_1 \varepsilon_1 \frac{1}{n_{TA}^2} \sum_{i=1}^{n_{TA}} \sum_{j=1}^{n_{TA}} t(n_{T,\ |j-i|} \times h_T) +$$

$$\varepsilon_2 \varepsilon_2 \frac{1}{n_{TB}^2} \sum_{i=1}^{n_{TB}} \sum_{j=1}^{n_{TB}} t(n_{T,\ |j-i|} \times h_T) +$$

$$\varepsilon_3\varepsilon_3\frac{1}{n_{TC}^2}\sum_{i=1}^{n_{TC}}\sum_{j=1}^{n_{TC}}t(n_{T,\ |j-i|}\times h_T)+$$

$$\varepsilon_1\varepsilon_2\frac{2}{n_{TA}\times n_{TB}}\sum_{i=1}^{n_{TA}}\sum_{j=1}^{n_{TB}}t(n_{T,\ |n_{TA}-i|}\times h_T+n_{T,\ |j-i|}\times h_T)+$$

$$\varepsilon_1\varepsilon_3\frac{2}{n_{TA}\times n_{TC}}\sum_{i=1}^{n_{TA}}\sum_{j=1}^{n_{TC}}t(n_{T,\ |n_{TB}-i|}\times h_T+n_{T,\ |j-i|}\times h_T)+$$

$$\varepsilon_2\varepsilon_3\frac{2}{n_{TB}\times n_{TC}}\sum_{i=1}^{n_{TA}}\sum_{j=1}^{n_{TC}}t(n_{T,\ |n_{TB}-n_{TA}-i|}\times h_T+n_{T,\ |j-i|}\times h_T)$$

（5-38）

提升机第二次的服务平均时间为：

$$T_{lift2}=T''_{l2}$$

$$=\varepsilon_1\frac{1}{n_{TA}}\sum_{i=1}^{n_{TA}}t(n_{Ti}\times h_T)+\varepsilon_2\frac{1}{n_{TB}}\sum_{i=1}^{n_{TB}}t(|n_{TA}\times h_T+n_{Ti}\times h_T|)+$$

$$\varepsilon_3\frac{1}{n_{TC}}\sum_{i=1}^{n_{TC}}t(|n_{TB}\times h_T+n_{Ti}\times h_T|) \tag{5-39}$$

式中，$n_{T_C}=n_T$。

在水平方向上，最左边的区域所在的层中包括B区域也包括C区域，那么左侧区域中A区所占的比例为$\frac{n_{TA}}{n_T}$，B区所占的比例为$\frac{n_{TB}-n_{TA}}{n_T}$，C区所占的比例为$\frac{n_T-n_{TB}}{n_T}$，假设$\varepsilon_A$、$\varepsilon_B$、$\varepsilon_C$为从区域A、B、C中拣货的概率，那么穿梭机器人到下方区域的概率为：

$$\varepsilon_4=\varepsilon_A\frac{n_{TA}}{n_T}+\varepsilon_B\frac{n_{TB}-n_{TA}}{n_T}+\varepsilon_C\frac{n_T-n_{TB}}{n_T} \tag{5-40}$$

中间区域B区所占的比例为$\frac{n_{TB}}{n_T}$，C区所占的比例为$\frac{n_T-n_{TB}}{n_T}$，那么穿

梭机器人到中间区域的概率为：

$$\varepsilon_5=\varepsilon_B\frac{n_{TB}}{n_T}+\varepsilon_C\frac{n_T-n_{TB}}{n_T} \tag{5-41}$$

右方区域只有 C 区，那么穿梭机器人达到右方区域的概率就为：$\varepsilon_6=\varepsilon_C$。

穿梭机器人第二次服务的平均服务时间为：

$$T_{shuttle2}=P_3(T_{S1}+T_{S3}+T''_{S4})+P_2(T_{S1}+T_{S2}+T''_{S4})+P_1T_{S5} \tag{5-42}$$

$$T''_{S4}=\varepsilon_4\frac{1}{n_{CA}}\sum_{i=1}^{n_{CA}}t(n_{Ci}\times l_S)+\varepsilon_5\frac{1}{n_{CB}}\sum_{i=1}^{n_{CB}}t(|n_{CA}\times l_S+n_{Ci}\times l_S|)+$$

$$\varepsilon_6\frac{1}{n_{CC}}\sum_{i=1}^{n_{CC}}t(|n_{CB}\times l_S+n_{Ci}\times l_S|) \tag{5-43}$$

无论哪种分区方式，穿梭机器人第一次的平均服务时间都和无分区的一样。

第三节　模型建立与求解

一、半开环排队网络模型

通过本章第一节和第二节对跨层跨巷道穿梭机器人仓储系统的结构以及流程的描述，初始状态下，穿梭机器人和目标货位在同层的概率为

$\frac{1}{n_{T^2}}$，其概率非常小，在此我们忽略不计。在拣选任务到达后，等待与空闲的跨层跨巷道穿梭机器人进行匹配，匹配成功后进入等待提升机第一次服务的等待队列，然后穿梭机器人进行货物拣选，之后请求原提升机进行第二次服务，进入等待队列。

针对该系统的特点，本书将穿梭机器人的匹配、提升机的服务抽象成系统的三个节点，建立半开环排队网络，如图 5-7 所示。在服务过程中，提升机要经过两次服务，所以该网络存在回流的情况，即穿梭机器人服务完之后要再次接受提升机的服务，所以此半开环排队可以转化为图 5-8 这种形式。

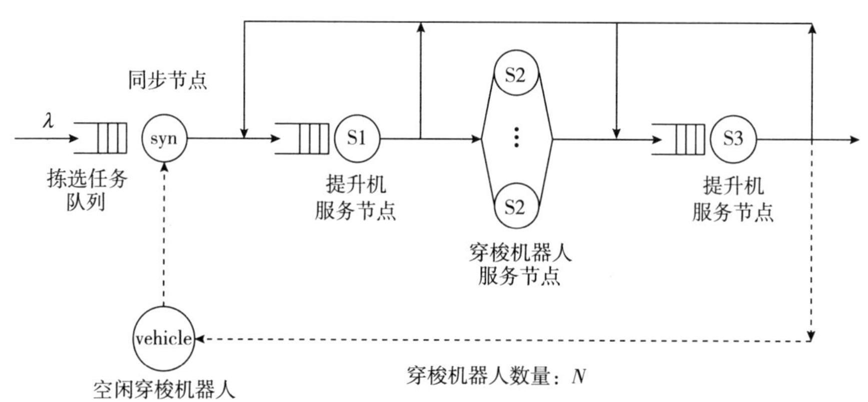

图 5-7　跨层跨巷道穿梭机器人仓储系统半开环排队网络

资料来源：笔者绘制。

因为分区的情况只是改变了服务机构的服务效率，所以无分区和基于分类存储的分区方式在排队网络的模型构建上是一样的。为了分析该排队网络，本书假设到达率服从泊松分布，服务节点的服务率符合指数分布，该系统的主要参数如表 5-1 所示：

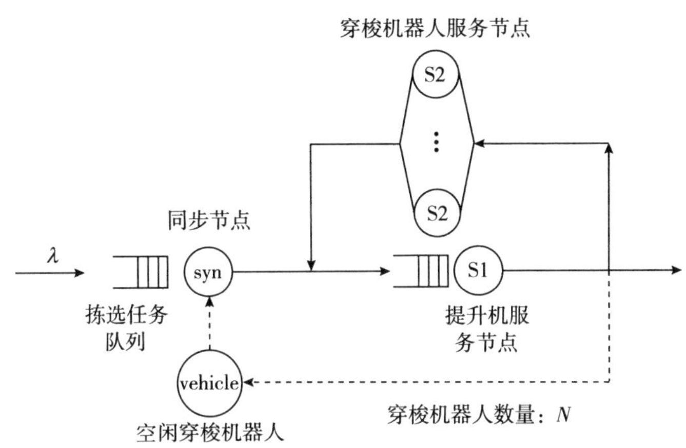

图 5-8　跨层跨巷道穿梭机器人仓储系统半开环排队网络

资料来源：笔者绘制。

表 5-1　跨层跨巷道穿梭机器人排队系统半开环排队网络

参数	含义
λ	拣选任务到达率
μ_1	提升机平均服务率
μ_2	穿梭机器人平均服务率
N	自动化穿梭机器人数量
L_P	拣选任务平均等待队长
T_{LW}	提升机节点的平均逗留时间
T_{VW}	穿梭机器人节点的平均逗留时间

资料来源：笔者绘制。

二、基于 MVA 的半开环排队网络求解

对此 SOQN 半开环网络模型，本书设计按以下思路进行求解：

第一步，网络整合：将到达任务和穿梭机器人匹配节点作为单独的服务节点与提升机和穿梭机器人节点所组成的网络进行整合，得到一个由三个服务节点组成的 CQN 并对该匹配节点的服务速率进行估计。

第二步，求解 CQN：基于均值分析法（Mean Value Analysis，MVA）来求解该 CQN 及外部队列。

首先，进行 CQN 整合，将拣选任务和穿梭机器人的匹配节点作为一个独立的服务节点与提升机和穿梭机器人节点所组成的排队网络进行整合，得到一个由三个服务节点组成的 CQN。

计算拣选任务和穿梭机器人匹配节点的服务率。对于匹配节点，令该节点的穿梭机器人数量大于 1 时的服务速率为 λ，记为 $\mu_0=\lambda$；$m=2$，3，…，M；假设该节点在穿梭机器人数量等于 1 时的服务速率为 $\mu_0(1)$，则剩余节点即提升机和穿梭机器人组成的 CQN 系统中穿梭机器人数量为 M 时的系统输出效率 $TPS_0(M)$ 为 λ。假设匹配节点的边缘概率为 $P_0(m)$；$m=0$，1，2，…，M，那么：

$$\frac{P_0(0)}{P_0(1)}=\frac{\mu_0(1)}{TPS_0(M)} \tag{5-44}$$

式中，μ_0（i）；$i=1$，2，…，M 表示在匹配节点处有 i 个穿梭机器人时的服务速率。TPS_0（M）表示为除去匹配节点后所得 CQN 系统中有 M 个穿梭机器人时的效率。在系统达到稳定时，匹配节点各状态的进出

必须达到均衡。因此，λ 的值可以表示为：

$$\lambda = P_0(0)\mu_0(1) + [1 - P_0(0) - P_0(1)]P_0(1) \tag{5-45}$$

结合上述两个公式，可得出 μ_0（1）的值为：

$$\mu_0(1) = \frac{\lambda TPS_0(M)}{TPS_0(M) - \lambda} \tag{5-46}$$

上述计算是在假设 CQN 系统在顾客数为 M 时且系统效率为 λ 的基础上进行的。但是当外部达到率比较大或者穿梭机器人与提升机组成的服务网络的系统效率较小时，会导致整个系统输出的效率误差增大。那么可以假设匹配节点的服务速率 $\mu_0(i)$ 始终为 $\lambda(i)$；$i=1$，2，…，M。

其次，对 CQN 进行求解，假设 $i=0$，1，2 分别表示匹配节点、提升机节点、穿梭机器人节点，概率 $P_i(g, k)$ 表示当系统中穿梭机器人的总数为 k 时且节点穿梭机器人数量为 g 时的概率，令 $P_i(0, 0)=0$，$L_i(k)$ 表示第 i 个节点穿梭机器人数量为 k 时的队长，令 $L_i(0)=0$；对于系统顾客数为 $k=1$，2，…，M 时，仅匹配点的资源时，各节点的逗留时间为：

$$T_{Wi}(k) = \sum_{g=0}^{g-1} \frac{g+1}{\mu_i(g+1)} P_i(g, k-1) \tag{5-47}$$

当资源有多个的时候，各节点的逗留时间为：

$$T_{Wi}(k) = \frac{L_i(k-1)+1}{\mu_i} \tag{5-48}$$

当资源有无限的时候，各节点的逗留时间为：

$$T_{Wi}(k) = \frac{1}{\mu_i} \tag{5-49}$$

因此，CQN 穿梭机器人数量为 k 时的效率如式（5-50）所示：

$$TPS(k)=\frac{k}{\sum_{g=1}^{3}T_{Wg}(k)\times V_g} \tag{5-50}$$

式中，V_g 表示各节点的访问率均为 1。

各节点穿梭机器人数量为 k 时的队长 $L_i(k)$ 如下所示：

$$L_i(k)=V_i\times TPS(k)\times T_{Wi}(k) \tag{5-51}$$

$P_i(g,\ k)$递推公式如下所示：

$$P_i(g,\ k)=\frac{V_i\times TPS(k)}{\mu_i k}P_i(g-1,\ k-1),\ k=1,\ 2,\ \cdots,\ k \tag{5-52}$$

$$P_i(0,\ k)=1-\sum_{g=1}^{k}P_i(g,\ k) \tag{5-53}$$

对于外部队列单独求解，用（n_{vt}，n_{cm}）表示外部队列节点处闲置的穿梭机器人数量和外部订单任务拣选指令的数量，可知二者不可能同时为非 0，且 $n_{vt}=0$，1，…，N，$n_{cm}=0$，1…。所以对于 n_{vt} 存在：

$$\lambda P(n_{vt},\ 0)=TPS(N-n_{vt}-1)P(n_{vt}-1,\ 0) \tag{5-54}$$

$$\lambda P(0,\ n_{cm})=TPS(N)P(0,\ n_{cm}+1) \tag{5-55}$$

式中，TPS（i），$i=0$，1，…，N 为穿梭机器人和提升机所组成的 CQN 的系统中顾客数为 i 时的效率。所以外部队长为：

$$L_P=P(0,\ 0)\frac{\eta}{1-\eta^2} \tag{5-56}$$

式中：

$$\eta=\frac{\lambda}{TPS(N)} \tag{5-57}$$

$$P(0,\ 0)=\left(\prod_{n=1}^{N}\frac{\lambda}{TPS(n)}\right)P(N,\ 0) \tag{5-58}$$

$$P(N,0)=\left(\sum_{n_{vt}=0}^{N}\prod_{n=1}^{N-n_{vt}}\frac{\lambda}{TPS(n)}+\prod_{n=1}^{N}\frac{\lambda}{TPS(n)}\times\frac{\eta}{1-\eta}\right)^{-1} \tag{5-59}$$

第四节 实验结果与分析

本节将设计三个实验，第一个通过仿真实验验证所建模型的准确性和解法的有效性。第二个通过灵敏度分析验证不同周转率大小条件下，不同存储策略对系统吞吐能力的影响。第三个实验验证不同分区大小的情况下，不同存储策略对系统吞吐能力的影响。最后通过实例进一步验证存储策略优化的有效性。本书所有实验均由 Inter（R）Core（TM）i5-3210M CPU@2.50GHz 双核处理器 8.00G 内存的计算机进行。

一、仿真实验

第一个实验利用 Simulink 的 SimEvent 仿真工具箱建立该排队网络的仿真模型，每种情况重复进行 100 次实验，每次仿真实验在系统运行一段时间之后，达到了均衡稳态的情况下再进行数据的统计，最后取 100 组实验的结果数据取平均值作为仿真的结果。

因为提升机被请求两次，在仿真的处理中，是新建一个新的提升机服务，然后加权使两次提升机的平均服务速率相等的，到达率 λ 属于泊松分布。

本书所提的模型计算结果与仿真实验结果，对于穿梭机器人节点来说，随着穿梭机器人数量 N、外部存取指令到达率 λ、提升机服务速率 μ_1 和穿梭机器人服务速率 μ_2 的变化，如图 5-9 所示，始终保持在±2%以内，该模型可以对系统中提升机节点进行有效准确的评估。

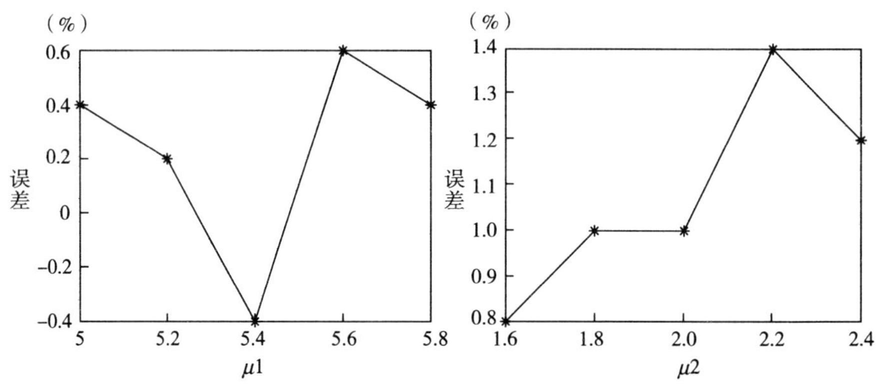

图 5-9　穿梭机器人节点停留时间误差

资料来源：笔者根据实验结果绘制。

对于提升机节点来说，随着穿梭机器人数量 N、外部存取指令到达率 λ、提升机服务速率 μ_1 和穿梭机器人服务速率 μ_2 的变化，如图 5-10 所示，模型所得结果与仿真结果的误差始终保持在±10%以内，由于该节点有等待队列，所以相比较穿梭机器人节点来说，该误差范围增大。这也是造成后面仿真结果中垂直分区吞吐量与不分区吞吐量相同的主要原因。对于复杂排队网络的评估，该误差大小在可接受范围内。因此，本书的模型能够对提升机节点进行有效准确的估计。

第二个实验中跨层跨巷道穿梭机器人仓储系统的主要参数如表 5-2

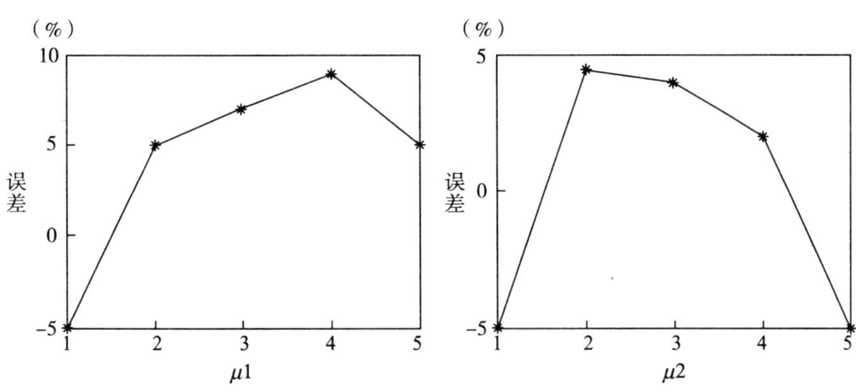

图 5-10　提升机节点停留时间误差

资料来源：笔者根据实验结果绘制。

所示，根据系统实际运行情况，我们假设一组提升机负责三个巷道的垂直方向上的作业运动。由于穿梭机器人的起始位置在分区和不分区的情况下概率相同，对系统的效率没有影响，并且我们本书主要研究单指令出库作业下，不同的分类存储策略下系统的吞吐量，所以我们假设穿梭机器人的起始位置默认为 I/O 点，那么可以把一组提升机负责的三个巷道看作一个作业单元进行研究，整个系统的吞吐量就是所有作业单元的总和。

表 5-2　跨层跨巷道穿梭机器人仓储系统的主要参数

参数	数值
单个存储货位的长度（米）	0.8
单个存储货位的宽度（米）	0.8
单个存储巷道的宽度（米）	1.4
单层存储货架的高度（米）	0.8

续表

参数	数值
穿梭机器人的最大速度（米/秒）	3
高速提升机的最大速度（米/秒）	3
穿梭机器人的加速度（米/二次方秒）	2
高速提升机的加速度（米/二次方秒）	3

资料来源：笔者根据实验结果绘制。

各分区在不同情况下的运行仿真结果如表 5-3~表 5-6 所示：

表 5-3　各分区在不同周转率下的吞吐量（1）

系统参数（1）		分区周转率			分区方式			
		A	B	C	无分区	水平	垂直	综合
货位总数量	1500	0. 9	0. 05	0. 05	220	701	220	710
运行时间	3600	0. 85	0. 075	0. 075	220	627	220	610
层数	5	0. 8	0. 1	0. 1	220	567	220	535
列数	100	0. 75	0. 15	0. 1	220	538	220	506
A 区占比	0. 2	0. 7	0. 2	0. 1	220	512	220	501
B 区占比	0. 3	0. 65	0. 25	0. 1	220	488	220	444
C 区占比	0. 5	0. 6	0. 3	0. 1	220	467	220	421
		0. 6	0. 25	0. 15	220	437	220	387
		0. 6	0. 2	0. 2	220	410	220	359
		0. 55	0. 25	0. 2	220	395	220	343
		0. 5	0. 3	0. 2	220	380	220	329
		0. 4	0. 3	0. 3	220	321	220	270
		0. 34	0. 33	0. 33	220	301	220	251

资料来源：笔者根据实验结果绘制。

表 5-4　各分区在不同周转率下的吞吐量（2）

系统参数（2）		分区周转率			分区方式			
		A	B	C	无分区	水平	垂直	综合
货位总数量	1500	0.9	0.05	0.05	479	1234	479	1234
运行时间	3600	0.85	0.075	0.075	479	1234	479	1234
层数	15	0.8	0.1	0.1	479	1234	479	1234
列数	34	0.75	0.15	0.1	479	1173	479	1213
A 区占比	0.2	0.7	0.2	0.1	479	1094	479	1145
B 区占比	0.3	0.65	0.25	0.1	479	1026	479	1085
C 区占比	0.5	0.6	0.3	0.1	479	987	479	1016
		0.6	0.25	0.15	479	965	479	968
		0.6	0.2	0.2	479	911	479	913
		0.55	0.25	0.2	479	863	479	874
		0.5	0.3	0.2	479	819	479	839
		0.4	0.3	0.3	479	780	479	707
		0.34	0.33	0.33	479	737	479	662

资料来源：笔者根据实验结果绘制。

表 5-5　各分区在不同周转率下的吞吐量（3）

系统参数（3）		分区周转率			分区方式			
		A	B	C	无分区	水平	垂直	综合
货位总数量	1500	0.9	0.05	0.05	479	726	479	745
运行时间	3600	0.85	0.075	0.075	479	693	479	702

续表

系统参数（3）		分区周转率			分区方式			
		A	B	C	无分区	水平	垂直	综合
层数	15	0.8	0.1	0.1	479	662	479	663
列数	34	0.75	0.15	0.1	479	638	479	635
A 区占比	0.7	0.7	0.2	0.1	479	616	479	609
B 区占比	0.2	0.65	0.25	0.1	479	595	479	585
C 区占比	0.1	0.6	0.3	0.1	479	575	479	563
		0.6	0.25	0.15	479	569	479	553
		0.6	0.2	0.2	479	563	479	544
		0.55	0.25	0.2	479	546	479	525
		0.5	0.3	0.2	479	529	479	507
		0.4	0.3	0.3	479	490	479	461
		0.34	0.33	0.33	479	479	479	441

资料来源：笔者根据实验结果绘制。

表 5-6 各分区在不同周转率下的吞吐量（4）

系统参数（4）		分区周转率			分区方式			
		A	B	C	无分区	水平	垂直	综合
货位总数量	1500	0.9	0.05	0.05	372	676	372	702
运行时间	3600	0.85	0.075	0.075	372	633	372	672
层数	10	0.8	0.1	0.1	372	596	372	598
列数	50	0.75	0.15	0.1	372	570	372	568
A 区占比	0.5	0.7	0.2	0.1	372	547	372	540

续表

系统参数（4）		分区周转率			分区方式			
		A	B	C	无分区	水平	垂直	综合
B 区占比	0.3	0.65	0.25	0.1	372	525	372	516
C 区占比	0.2	0.6	0.3	0.1	372	505	372	493
		0.6	0.25	0.15	372	493	372	477
		0.6	0.2	0.2	372	482	372	462
		0.55	0.25	0.2	372	465	372	443
		0.5	0.3	0.2	372	450	372	427
		0.4	0.3	0.3	372	405	372	376
		0.34	0.33	0.33	372	386	372	372

资料来源：笔者根据实验结果绘制。

如表 5-3～表 5-6 所示，设置系统在货位数为 1500 的条件下运行 3600 秒，在三种不同的参数下分别运行仿真 100 次达到均衡状态，取得的平均值为分区在不同拣选概率、不同分区方式下的吞吐量。由于系统中穿梭机器人的服务时间为瓶颈，所以在垂直方向上的分区仅仅提高了提升机的作业效率，穿梭机器人的平均服务速率不变，所以这三种不同情况下垂直分区的系统的吞吐量和无分区的系统的吞吐量相同。水平分区和综合分区（水平方向和垂直方向）的系统吞吐量都比无分区的吞吐量要高。

通过对比表 5-5 和表 5-6，在相同的系统结构及货位总数的条件下，不同的分区类型在相同拣选概率下的吞吐量如图 5-11 所示，A 区的占比越高，运用分区存储策略的效果越差，A 区的占比越小，运用分区存储策略的效果越好，其中综合分区策略最优。

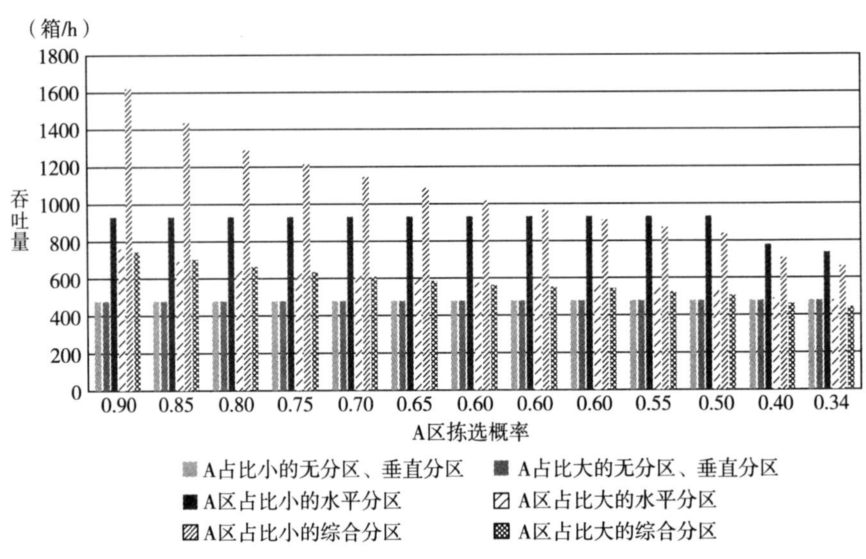

图 5-11 A 区不同占比的吞吐量

资料来源：笔者根据实验结果绘制。

第三个实验为了更好地研究分区策略在不同分区情景下不同周转率对吞吐量的影响，在固定货位总数以及各分区占比 4 种不同情景下对 A 区的拣选概率从 0.90 到 0.34 精确到小数点后两位的 57 种情况进行仿真实验，结果如图 5-12 所示，当 A 区的周转率比较高的时候，综合分区策略的效果要好于其他分区策略和无分区的情况，当 A 区的周转率较低的时候，水平方向上的分区存储策略效果最好。

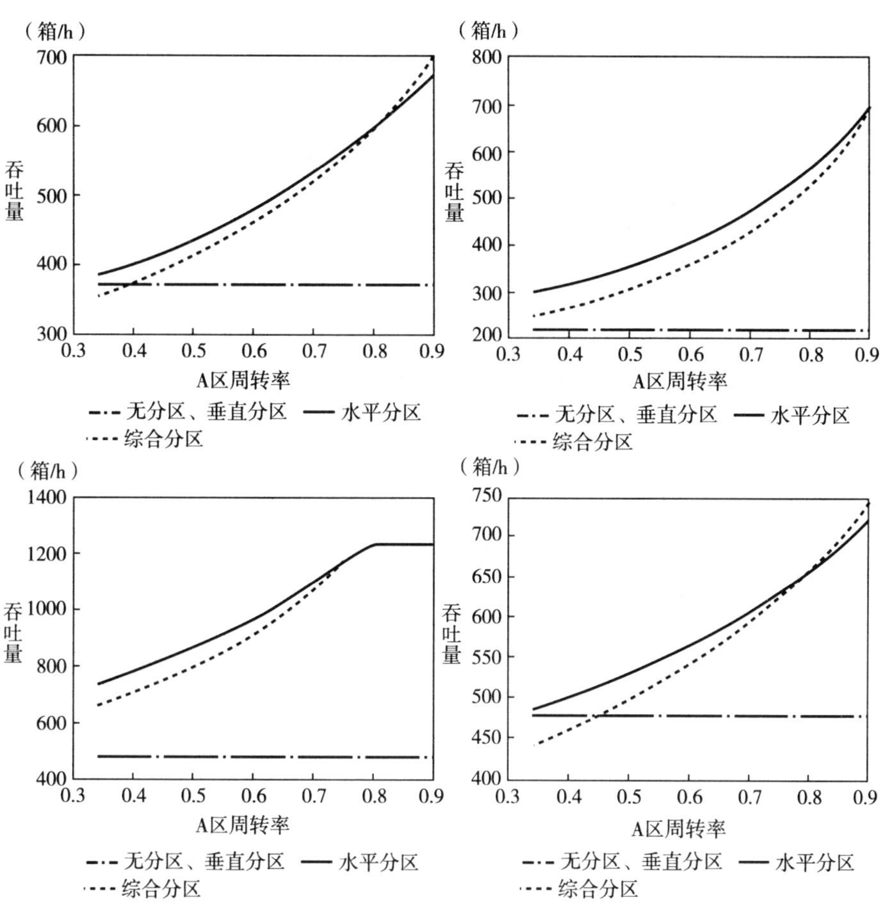

图 5-12　A 区在不同拣选概率下的吞吐量对比

资料来源：笔者根据实验结果绘制。

二、实例验证

本部分实例的数据全部来自真实情况，主要来源于国际某知名快消品企业，其某区域配送中心采用跨层跨巷道穿梭机器人仓储系统，其系统的参数如表 5-7 所示：

表 5-7 跨层跨巷道的穿梭机器人仓储系统主要参数

参数	数值	参数	数值
货位数量	15000	列数	50
层数	10	巷道数	30
提升机数	10	单个存储货位的长度（米）	0.8
单个存储货位的宽度（米）	0.8	穿梭机器人的最大速度（米/秒）	3
单个存储巷道的宽度（米）	1.4	高速提升机的最大速度（米/秒）	3
单层存储货架的高度（米）	0.8	穿梭机器人的加速度（米/二次方秒）	2
高速提升机的加速度（米/二次方秒）	3		

资料来源：笔者根据实验结果绘制。

该企业目前在存储策略上采用的随机存储策略，通过统计其连续 100 个小时的实时出库订单统计得出系统每小时的吞吐量为 2980。通过分析该企业的 15000 个 SKU 得出其中大约有 8000 个 SKU 的拣选概率在 70%左右，那么我们对这 15000 个 SKU 分别采用水平方向分区的存储策略和综合分区的存储策略重新入库，每种情况我们连续监控 100 个小时的出库状况，统计并得出在水平方向分区的存储策略下，系统的每小时的吞吐量为 3850，系统效率提高了 29.2%；在综合分区的存储策略下，统计得到系统每小时的吞吐量为 3925，系统效率提高了 31.7%。通过实例验证了分区策略的有效性，可以在不改变系统结构的情况下，通过分类存储的策略提高系统的效率。

第五节　本章小结

本章通过对跨层跨巷道穿梭机器人仓储系统的布局和流程以及跨层跨巷道的穿梭机器人和提升机在无分区存储策略、水平方向上分区的存储策略、垂直方向上分区的存储策略和水平垂直方向综合分区的存储策略下的作业时间的分析，建立了半开环排队网络模型，并采用基于MVA的方法对该半开环排队网络进行求解，通过大量的实验对比得出了以下结论：

第一，在相同的系统结构及货位总数的条件下，A区的占比越高，运用分区存储策略的效果越差，A区的占比越小，运用分区存储策略的效果越好，其中综合分区策略最优。

第二，当A区的拣选概率较高的时候，综合分区策略的效果要好于其他分区策略和无分区的情况，当A区的拣选概率较低的时候，水平方向上的分区存储策略效果最好。

第六章

总结与展望

在经济和科技高速发展的今天，新的科学技术手段不断地涌现，无论是传统的生产制造业还是新兴的互联网企业都面临着巨大的机遇和挑战。对于物流领域来说，仓储系统作为企业和客户之前最直接的中转中心，很大程度上决定了客户的满意度，必然要求仓储系统能够具有较高的运行效率。穿梭机器人技术的成功研发，由于其更高的仓库利用率、更高的吞吐能力，以及更高的柔性等特点，被开始应用到企业。本书选取穿梭机器人仓储系统作为研究对象，对不同类型的穿梭机器人仓储系统进行了分析，研究了穿梭机器人仓储系统的设计与优化，主要研究内容与创新点包括以下内容：

（1）研究了穿梭机器人仓储系统的适配选型问题。学者以往的研究只是针对一种穿梭机器人仓储系统进行系统设计或者配置的研究，本书对多种类型穿梭机器人仓储系统的选型问题进行了研究。选取了单层穿梭机器人仓储系统、跨层穿梭机器人仓储系统和跨层跨巷道穿梭机器人仓储系统作为研究对象。首先对三种系统的布局和作业流程进行了介绍。其次分析了系统中穿梭机器人和提升机的作业时间，构建了系统中穿梭机器人和提升机的作业时间函数，建立了以系统成本最小为目标的优化模型，设计了相应的启发式求解算法，通过实例和实验验证了算法的有效性。最后通过进一步的灵敏度分析得出了在不同货位数和吞吐能力要求下，不同的系统选型方案以及系统总成本和单位成本与系统选型方案之间的关系。

（2）研究了带转载的穿梭机器人仓储系统中各设备的最优配置问题。带转载的穿梭机器人仓储系统依靠转载穿梭机器人实现周转箱的跨巷道作业，柔性化程度较高。本书首先介绍了带转载穿梭机器人的系统布局以及作业流程。其次对带转载穿梭机器人仓储系统中的转载穿梭机器人、巷道穿梭机器人和提升机进行了作业时间分析，建立了系统总成本最小和系统吞吐能力最大为目标的多目标优化模型，提出了基于初始粒子群优化的改进粒子群算法，通过实验对比未改进的粒子群算法，得出了改进粒子群无论在收敛速度上以及结果准确性上都具有优势的结论。最后通过进一步的灵敏度分析得出了在不同的货位数量要求下，详细的最优系统配置方案以及系统吞吐能力和存储容量与系统成本之间的关系。通过此方法可以在控制最小成本的情况下，为设计规划人员设计更加合理的系统提供指导。

（3）研究了跨巷道穿梭机器人的路径优化问题和系统结构优化问题。本书首次对带横向导轨的跨巷道穿梭机器人仓储系统进行了研究。在跨巷道穿梭机器人仓储系统中，穿梭机器人可以通过横向导轨实现跨巷道作业，柔性化程度更高。首先对跨巷道穿梭机器人仓储系统中穿梭机器人的作业路径和时间进行了分析，发现在考虑穿梭机器人加速和减速的情况下，由于路径中节点数量不同导致距离最短路径不一定是时间最短路径，从而对 Dijkstra 算法进行了改进，并验证了其有效性。其次在考虑了穿梭机器人路径优化的前提下，对该跨巷道穿梭机器人仓储系统建立了半开环排队网络绩效评估模型，设计了基于 AMVA 的求解算法，通过实验验证了模型的准确性和算法的有效性。最后通过灵敏度分析实验得到了以下结论：第一，在层数一样，巷道数和列数相差最小的情况下，系统的吞吐能力最大。第二，存在使得系统吞吐能力最大的最优层数。

（4）研究了跨层跨巷道穿梭机器人仓储系统的存储策略优化问题。跨层跨巷道穿梭车机器人系统中穿梭机器人不仅可以实现跨巷道作业，也可以实现跨层作业，其柔性化程度最高。本书首次对该系统的存储策略问题进行了研究，在系统存储策略的相关研究中，学者们通常假设系统的存储方式为随机存储方式，本书提出了三种不同的基于周转率的分类存储策略（水平方向分区、垂直方向分区和水平与垂直方向综合分区）。首先对系统的布局和作业流程进行了介绍。其次对这三种不同存储策略方式下，系统中穿梭机器人和提升机进行了作业时间分析，建立了半开环排队网络绩效评估模型，设计了基于 MVA 的求解算法，通过实验验证了算法的有效性。最后通过灵敏度分析得出了以下结论：第一，在相同的系统结构及货位总数的条件下，A 区的占比越高，运用分区存储策略的效果越差；A 区的占比越小，运用分区存储策略的效果越好，其中综合分区策略最优的结论。第二，当 A 区的拣选概率较高的时候，综合分区策略的效果要好于其他分区策略和无分区的情况；当 A 区的拣选概率较低的时候，水平方向上的分区存储策略效果最好。

虽然本书取得一定的进展与成果，但是由于穿梭机器人仓储系统的复杂性，除了以上研究问题，还有如下问题值得进一步展开深入研究和分析：

（1）穿梭机器人仓储系统的适配选型问题。本书仅选取了单层作业、跨层作业、跨层跨巷道穿梭机器人仓储系统作为研究对象，研究了针对这三种系统在不同条件要求下的适配选型。由于穿梭机器人仓储系统种类众多，除此之外，还有双端出入库模型的穿梭机器人仓储系统、带转载的穿梭机器人仓储系统、带环形输送线的穿梭机器人仓储系统等，因此对于更多种类的穿梭机器人仓储系统的适配选型问题值得研究。

（2）穿梭机器人路径优化问题。在跨巷道作业的穿梭机器人仓储系统中，本书对穿梭机器人的路径问题进行了优化，通过改进的 Dijstra 算法，得到了路径最短且行走时间最短的路径，然后对系统进行了分析。然而系统中的穿梭机器人为多个，在运行中必然会存在碰撞、堵塞和死锁等冲突，所以多穿梭车机器人路径优化问题值得进一步研究。

（3）在穿梭机器人仓储系统中，还有其他策略会对系统的作业效率以及配置等问题产生影响，值得进一步展开研究，包括订单的分批处理、任务的排序、穿梭机器人的调度、货位的动态布局等。

参考文献

［1］冯佳．一种配送中心订单拣选方式优化的算法［D］．广州：暨南大学，2008.

［2］王转，程国全．配送中心系统规划［M］．北京：中国物资出版社，2003.

［3］Barthold IIII J J，Hackmanst S T. Warehouse and distribution science［M］. Atlanta：Georgia Institute of Technology，2008.

［4］唐卫华，胡宗武．自动存取系统及其仿真分析［J］．工业工程与管理，2000（3）：31-33+36.

［5］沈长鹏．订单结构与拣选系统的适配问题研究［D］．济南：山东大学，2011.

［6］亚马逊启用机器人处理订单［J］．机器人技术与应用，2015（1）：8.

［7］NIgam S，Roy D，Koster R D，Adan I. Analysis of class-based storage strategies for the mobile shelf-based order pick system［C］. Cincinnati，Ohio，USA：13th IMHRC Proceedings，2014.

［8］D' andrea R. Guest editorial：A revolution in the warehouse-a retrospective on kiva systems and the grand challenges ahead［J］. IEEE Transactions on Automation Science & Engineering，2012，9（4）：638-639.

［9］Bozer Y A，White J A. Travel-time models for automated storage/retrieval systems [J] . IIE Transactions, 1984, 16 (4): 329-338.

[10] Roodbergen K J, Vis I F. A survey of literature on automated storage and retrieval systems [J] . European Journal of Operational Research, 2009, 194 (2): 343-362.

[11] Gagliardi J P, Renaud J, Ruiz A. Models for automated storage and retrieval systems: A literature review [J] . International Journal of Production Research, 2012, 50 (24): 7110-7125.

[12] Sari Z, Saygin C, Ghouali N. Travel-time models for flow-rack automated storage and retrieval systems [J] . The International Journal of Advanced Manufacturing Technology, 2005, 25 (9-10): 979-987.

[13] Hao J, Yu Y, Zhang L L. Optimal design of a 3d compact storage system with the I/O portat the lower mid-point of the storage rack [J]. International Journal of Production Research, 2015, 53 (17): 5153-5173.

[14] Wurman P R, Andrea R D, Mountz M. Coordinating hundreds of cooperative, autonomous vehicles in warehouses [M] . AI Magazine, 2008, 29 (1): 9.

[15] Bozer Y A, Aldarondo F J. A simulation-based comparison of two goods-to-person order picking systems in an online retail setting [J]. International Journal of Production Research, 2018, 56 (11): 3838-3858.

[16] Yuan Z, Gong Y. Improving the speed delivery for robotic warehouses [J] . IFAC-PapersOnline, 2016, 49 (12): 1164-1168.

[17] Lamballais T, Roy D, de Koster R. Estimating performance in a robotic mobile fulfillment system [J] . European Journal of Operational Re-

search，2017，256（3）：976-990.

［18］Zhang H F，Guo Z L，Zhang W N，Cai H，Wang C，Yu Y. Layout design for intelligent warehouse by evolution with fitness approximation［J］. Chinese Journal of Mechanical Engineering-English Edition，2008，21（3）：41-45.

［19］Wang W，Wu Y H，Zheng J，Chi C. A comprehensive framework for the design of modular robotic mobile fulfillment systems［J］. IEEE Access，2020（8）：13259-13269.

［20］沈博闻，于宁波，刘景泰．仓储物流机器人集群的智能调度和路径规划［J］．智能系统学报，2014，9（6）：659-664.

［21］张丹露，孙小勇，傅顺，郑彬．智能仓库中的多机器人协同路径规划方法［J］．计算机集成制造系统，2018，24（2）：410-418.

［22］Lee C K M，Lin B B，Ng K K H，Lv T Q，Tai W C. Smart robotic mobile fulfillment system with dynamic conflict-free strategies considering cyber-physical integration［J］. Advanced Engineering Informatics，2019（42）：100998.

［23］于赫年，白桦，李超．仓储式多 AGV 系统的路径规划研究及仿真［J］．计算机工程与应用，2020，56（2）：233-241.

［24］Dou J，Chen C L，Yang P. Genetic scheduling and reinforcement learning in multirobot systems for intelligent warehouses［J］. Mathematical Problems in Engineering，2015（2015）：1-10.

［25］蔺一帅，李青山，陆鹏浩，孙雨楠，王亮，王颖芝．智能仓储货位规划与 AGV 路径规划协同优化算法［J］．软件学报，2020，31

(9): 2770-2784.

[26] Gue K R, Kim B S. Puzzle-based storage systems [J] . Naval Research Logistics (NRL), 2007, 54 (5): 556-567.

[27] Loyd S, Gardner M. Mathematical puzzles [R] . Courier Corporation, 1959 (1) .

[28] Gue K R, Furmans K, Seibold Z, Uludağ O. Gridstore: A puzzle-based storage systemwith decentralized control [J] . IEEE Transactions on Automation Science and Engineering, 2014, 11 (2): 429-438.

[29] Uludag O. GridPick: A high density puzzle based order picking system with decentralized control [D] . Auburn University, 2014.

[30] Kota V R, Taylor D, Gue K R. Retrieval time performance in puzzle-based storage systems [J] . Journal of Manufacturing Technology Management, 2015, 26 (4): 582-602.

[31] Zaerpour N, Yu Y, de Koster R. Response time analysis of a live-cube compact storage system with two storage classes [J] . IISE Transactions, 2017, 49 (5): 461-480.

[32] Zaerpour N, Yu Y, de Koster R. Small is beautiful: A framework for evaluating and optimizing live-cube compact storage systems [J]. Transportation Science, 2017, 51 (1): 34-51.

[33] Zaerpour N, Yu Y, de Koster R. Optimal two-class-based storage in a live-cube compact storage system [J] . IISE Transactions, 2017, 49 (7): 653-668.

[34] Taylor G D, Gue K R. The effects of empty storage locations in puz-

zle-based storage systems [C] . INIIE Annual Conference. Proceedings, Institute of Industrial Engineers-Publisher, 2008: 519.

[35] Mirzaei M, de Koster R B, Zaerpour N. Modelling load retrievals in puzzle-based storage systems [J] . International Journal of Production Research, 2017, 55 (21): 6423-6435.

[36] Alfieri A, Cantamessa M, Monchiero A, Montagna F. Heuristics for puzzle-based storage systems driven by alimited set of automated guided vehicles [J] . Journal of Intelligent Manufacturing, 2012, 23 (5): 1695-1705.

[37] Malmborg C J. Conceptualizing tools for autonomous vehicle storage and retrieval systems [J] . International Journal of Production Research, 2002, 40 (8): 1807-1822.

[38] Malmborg C J. Design optimization models for storage and retrieval systems using rail guided vehicles [J] . Applied Mathematical Modelling, 2003, 27 (12): 929-941.

[39] Malmborg C J. Interleaving dynamics in autonomous vehicle storage and retrieval systems [J] . International Journal of Production Research, 2003, 41 (5): 1057-1069.

[40] Kuo P H, Krishnamurthy A, Malmborg C J. Design models for unit load storage and retrieval systems using autonomous vehicle technology and resource conserving storage and dwell point policies [J] . Applied Mathematical Modelling, 2007, 31 (10): 2332-2346.

[41] Fukunari M, Malmborg C. An efficient cycle time model for autono-

mous vehicle storage [J] . International Journal of Production Research, 2008, 46 (12): 3167-3184.

[42] Fukunari M, Malmborg C J. A network queuing approach for evaluation of performance measures in autonomous vehicle storage and retrieval systems [J] . European Journal of Operational Research, 2009, 193 (1): 152-167.

[43] Roy D, Krishnamurthy A, Heragu S S, Malmborg C J. Queuing models to analyze dwell-point and cross-aisle location in autonomous vehicle-based warehouse systems [J] . European Journal of Operational Research, 2015, 242 (1): 72-87.

[44] Roy D, Krishnamurthy A, Heragu S S, Malmborg C J. Stochastic models for unit-load operations in warehouse systems with autonomous vehicles [J] . Annals of Operations Research, 2015, 231 (1): 129-155.

[45] Roy D, Krishnamurthy A, Heragu S S, Malmborg C J. Performance analysis and design trade-offs in warehouses with autonomous vehicle technology [J] . IIE Transactions, 2012, 44 (12): 1045-1060.

[46] Ekren B Y, Heragu S S. Simulation-based regression analysis for the rack configuration of an autonomous vehicle storage and retrieval system [J]. International Journal of Production Research, 2010, 48 (21): 6257-6274.

[47] Marchet G, Melacini M, Perotti S, Tappia E. Development of a framework for the design of autonomous vehicle storage and retrieval systems [J]. International Journal of Production Research, 2013, 51 (14):

4365-4387.

[48] Lerher T, Ekren B Y, Dukic G, Rosi B. Travel time model for shuttle-based storage and retrieval systems [J]. The International Journal of Advanced Manufacturing Technology, 2015, 78 (9-12): 1705-1725.

[49] Lerher T. Travel time model for double-deep shuttle-based storage and retrieval systems [J]. International Journal of Production Research, 2016, 54 (9): 2519-2540.

[50] 张娜. 跨层穿梭车系统建模与优化 [D]. 济南: 山东大学, 2018.

[51] 马文凯. 基于平面和立体作业模式的两类"货到人"存取系统性能分析和配置优化 [D]. 济南: 山东大学, 2018.

[52] 马文凯. 基于进化算法的跨巷道多层穿梭车仓储系统的研究 [J]. 机械工程学报, 2019, 55 (8): 216-224.

[53] 曹伟洁. 四向多层穿梭车系统建模与优化研究 [D]. 济南: 山东大学, 2019.

[54] Hausman W H, Schwarz L B, Graves S C. Optimal storage assignment in automatic warehousing systems [J]. Management Science, 1976, 22 (6): 629-638.

[55] Rosenblatt M J, Eynan A. Deriving the optimal boundaries for class-based automatic storage/retrieval systems [J]. Management Science, 1989, 35 (12): 1519-1524.

[56] Yu Y, de Koster R, Guo X. Class-based storage with a finite number of items: Using more classes is not always better [J]. Production and Op-

erations Management, 2015, 24 (8): 1235-1247.

[57] de Koster R, Yu M. Minimizing makespan and through put times at aalsmeer flower auction [J] . Journal of the Operational Research Society, 2008, 59 (9): 1182-1190.

[58] Yang P, Miao L, Xue Z, Qin L. Optimal storage rack design for a multi-deep compactas/rs considering the acceleration/deceleration of the storage and retrieval machine [J] . International Journal of Production Research, 2015, 53 (3): 929-943.

[59] Zaerpour N, de Koster R, Yu Y. Storage policies and optimal shape of a storage system [J] . International Journal of Production Research, 2013, 51 (23-24): 6891-6899.

[60] Nigam S, Roy D, de Koster R, Adan I. Analysis of class-based storage strategies forthe mobile shelf-based order pick system [C] . 13th IMHRC Proceedings (Cincinati, ohio. USA-2014) . 2014.

[61] Lamballais T, Roy D, de Koster R. Estimating performance in a robotic mobile fulfillment system [J] . European Journal of Operational Research, 2017, 256 (3): 976-990.

[62] Weidinger F, Boysen N, Briskorn D. Storage assignment with rack-moving mobile robots in kiva warehouses [J] . Transportation Science, 2018, 52 (6): 1479-1495.

[63] Xiang X, Liu C C, Miao L X. Storage assignment and order batching problem in kiva mobile fulfilment system [J] . Engineering Optimization, 2018, 50 (11): 1941-1962.

[64] 徐翔斌，马中强 . RMFS 订单拣选系统动态货位再指派研究 [J] . 计算机集成制造系统，2021，27 (4)：1146-1154.

[65] 徐贤浩，郭依，邹碧攀 . 基于最短取货时间的仓储机器人待命位策略研究 [J] . 工业工程与管理，2016，21 (4)：35-42.

[66] Merschformann M, Lin X, Erdmann D. Path planning for Robotic Mobile Fulfillment Systems [EB/OL] . (2017 - 06 - 28) . https://arxiv. org/abs/1706. 09347. pdf.

[67] Merschformann M, Lamballais T, De Koster R, Suhl L. Decision Rules for Robotic Mobile Fulfillment Systems [EB/OL]. (2018 - 01 - 20). available: https://arxiv. org/abs/1801. 06703. pdf.

[68] He S, Luo J. Deadlock control of autonomous vehicle storage and retrieval systems via coloured timed Petri nets and digraph tools [J]. International Journal of Production Research, 2009, 47 (12): 3253-3263.

[69] Kuo P H, Krishnamurthy A, Malmborg C J. Performance modelling of autonomous vehicle storage and retrieval systems using class-based storage policies [J] . International Journal of Computer Applications in Technology, 2008, 31 (3-4): 238-248.

[70] Kumar A, Roy D, Tiwari M. Optimal partitioning of vertical zones in vehicle-based warehouse systems [J] . International Journal of Production Research, 2014, 52 (5): 1285-1305.

[71] de Koster R, Le-duc T, Yugang Y. Optimal storage rack design for a 3-dimensional compact AS/RS [J] . International Journal of Production Research, 2008, 46 (6): 1495-1514.

[72] Manzini R, Accorsi R, Baruffaldi G, Cennerazzo T, Gamberi M. Travel time models fordeep-lane unit-load autonomous vehicle storage and retrieval system (AVS/RS) [J]. International Journal of Production Research, 2016, 54 (14): 4286-4304.

[73] Tappia E, Roy D, de Koster R, Melacini M. Modeling, analysis, and design insights for shuttle-based compact storage systems [J]. Transportation Science, 2016, 51 (1): 269-295.

[74] Michael Eder. Analytical model to estimate the performance of shuttle-based storage and retrieval systems with class-based storage policy [J]. International Journal of Advanced Manufacturing Technology, 2020, 107 (5-7): 2091-2106.

[75] Michael Eder. An approach for a performance calculation of shuttle-based storage and retrieval systems with multiple-deep storage [J]. International Journal of Advanced Manufacturing Technology, 2020, 107 (1-2): 859-873.

[76] de Koster R, Le-Duc T, Roodbergen K J. Design and control of warehouse order picking: a literature review [J]. European Journal of Operational Research, 2007, 182 (2): 481-501.

[77] Yu Y, de Koster R. Sequencing heuristics for storing and retrieving unit loads in 3d compact automated warehousing systems [J]. IIE Transactions, 2012, 44 (2): 69-87.

[78] Boysen N, Stephan K. A survey on single crane scheduling in automated storage/retrieval systems [J]. European Journal of Operational Re-

search, 2016, 254 (3): 691-704.

[79] Stadtler H. An operational planning concept for deep lane storage systems [J]. Production and Operations Management, 1996, 5 (3): 266-282.

[80] 吴颖颖，孟祥旭，王艳艳，胡金昌．“货到人”拣选系统订单排序优化［J］．机械工程学报，2016，52（4）：206-212.

[81] Boysen N, Briskorn D, Emde S. Parts-to-picker based order processing in a rack-moving mobile robots environment [J]. European Journal of Operational Research, 2017, 262 (2): 550-562.

[82] Zhou L W, Shi Y Y, Wang J L, Yang P. A balanced heuristic mechanismfor multirobot task allocation of intelligent warehouses [EB/OL]. (2020-08-31). http://downloads.hindawi.com/journals/mpe/2014/380480.pdf.

[83] Zou B P, Xu X H, Gong Y M, Koster R D. Evaluating battery charging and swapping strategies in a robotic mobile fulfillment system [J]. European Journal of Operational Research, 2018, 267 (2): 733-753.

[84] Yoshitake H, Kamoshida R, Nagashima Y. New automated guided vehiclesystem using real-time holonic scheduling for warehouse picking [J]. IEEE Robotics and Automation Letters, 2019, 4 (2): 1045-1052.

[85] Zhang L, Krishnamurthy A, Malmborg C J, Heragu S S. Variance-based approximations of transaction waiting times in autonomous vehicle storage and retrieval systems [J]. European Journal of Industrial Engineering, 2009, 3 (2): 146-169.

[86] Ekren B Y, Heragu S S, Krishnamurthy A, Malmborg C J. An approximate solution for semi-open queueing network model of an autonomous vehicle storage and retrieval system [J]. IEEE Transactions on Automation Science and Engineering, 2013, 10 (1): 205-215.

[87] Ekren B Y, Heragu S S, Krishnamurthy A, Malmborg C J. Matrix-geometric solution for semi-open queuing network model of autonomous vehicle storage and retrieval system [J]. Computers & Industrial Engineering, 2014 (68): 78-86.

[88] Ekren B Y. Performance evaluation of avs/rs under various design scenarios: A case study [J]. The International Journal of Advanced Manufacturing Technology, 2011, 55 (9): 1253-1261.

[89] Ekren B Y, Heragu S S. Approximate analysis of load-dependent generally dis tributed queuing networks with low service time variability [J]. European Journal of Operational Research, 2010, 205 (2): 381-389.

[90] 牟善栋．多层穿梭车仓储系统建模与优化 [D]．济南：山东大学，2014.

[91] 陈国真．多层穿梭车仓储系统配置优化 [D]．济南：山东大学，2016.

[92] Roy D, Krishnamurthy A, Heragu S S, Malmborg C J. Blocking effects in warehouse systems with autonomous vehicles [J]. IEEE Transactions on Automation Science and Engineering, 2014, 11 (2): 439-451.

[93] Roy D, Krishnamurthy A, Heragu S S, Malmborg C J. A simulation framework for studying blocking effects in warehouse systems with autono-

mous svehicles [J] . European Journal of Industrial Engineering, 2016, 10 (1): 51-80.

[94] 胡金昌. 多层穿梭车分拣系统的订单分配优化 [D] . 济南: 山东大学, 2016.

[95] 吴思沛. 面向制造业 B2C 模式的多层穿梭车自动分拣系统设计及订单分配优化 [D] . 济南: 山东大学, 2018.

[96] 赵永谦. 密集储分货架系统变形监测数学模型应用研究 [D] . 济南: 山东大学, 2016.

[97] 李毅超. 基于 Unity 3D 的多层穿梭车系统的可视化仿真程序的研究与设计 [D] . 济南: 山东大学, 2017.

[98] 秦艺萍, 王艳艳, 吴耀华, 胡金昌. 多层穿梭车系统输送机缓存长度建模与优化 [J] . 机械工程学报, 2019, 55 (14): 206-214.

[99] 陈云霞. 双端出入库模式下的多层穿梭车系统配置优化 [D] . 济南: 山东大学, 2019.

[100] Zou B P, Xu X H, Gong Y M, de Koster R. Modeling Parallel movement of lifs and vehicles in tier-captive vehicle-based warehousing systems [J] . European Journal of Operational Research, 2016, 254: 51-67.

[101] 杨宝龙. 双深位多层穿梭车系统出库作业建模与优化 [D] . 济南: 山东大学, 2017.

[102] 张晓清. 双深位多层穿梭车系统出库作业优化研究 [D] . 济南: 山东大学, 2018.

[103] 田彬, 吴颖颖, 吴耀华, 曹伟洁. “四向车” 拣选系统订单排序优化 [J] . 机械工程学报, 2019, 55 (18): 225-232.

［104］田彬．基于半开环排队网络的自动化穿梭车存取系统研究［D］．济南：山东大学，2020.

［105］Liu Z，Wang Y，Jin M，Wu H，Dong W. Energy consumption model for shuttle-based storage and retrieval systems［J］. Journal of Cleaner Production，2021（282）：124480.

［106］Buitenhek R，Van Houtum G J，Zijim H. AMVA-based solution procedures for open queueing networks with population constraints［J］. Annals of Operations Research，2000，93（1-4）：15-40.

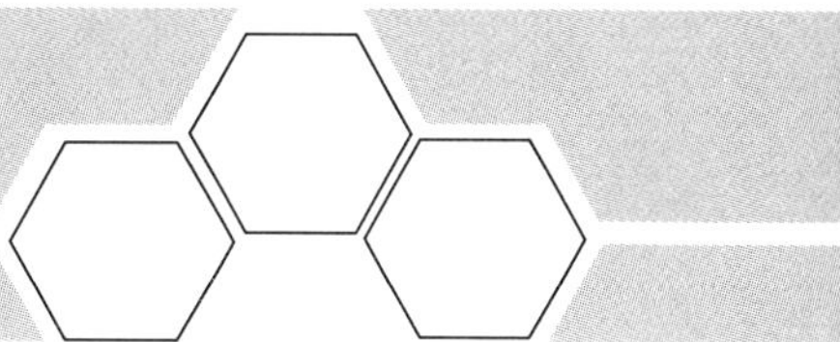

附　　录

符号与缩略词注释表

一、符号表

λ_r：拣选任务的到达率

n_A：穿梭机器人仓储系统中巷道的数量

n_T：穿梭机器人仓储系统中的存储层数

n_C：穿梭机器人仓储系统中存储列的列数

n：穿梭机器人仓储系统中的存储货位的总数量

n_P：系统中提升机的组数也是拣选站台的数量

TPS_L：系统中单组提升机在单位时间内的吞吐量

TPS_S：系统中一台穿梭机器人在单位时间内的吞吐量

TPS_L：系统中单组提升机在单位时间内的吞吐量

T_S：穿梭机器人的平均服务时间

T_L：提升机的平均服务时间

C_L：系统中单组提升机的成本

C_S：系统中一台穿梭机器人的成本

μ_p：每个拣选站台的拣选效率

w_A：单个存储巷道的宽度

h_T：单层存储货架的高度

l_s：单个存储货位的长度

w_s：单个存储货位的宽度

L_c：输送线的总长度

v_{sA}：巷道穿梭机器人的平均速度

v_{sC}：转载穿梭机器人的平均速度

v_l：提升机的平均速度

v_c：输送机的平均速度

a_l：提升机的加速度

a_s：穿梭机器人的加速度

W_{shelf}：存储货架的宽度

L_{shelf}：存储货架的长度

H_{shelf}：存储货架的高度

二、缩略词注释表

AS/RS：Automatic Storage/Rerievel System，自动化立体仓库系统

SBS/RS：Shuttle - Based Storage/Retrieval System，穿梭机器人仓储系统

TCSBS/RS：Tier-Captive Shuttle Based Storage/Retrieval System，单层

作业的穿梭机器人仓储系统

TTSBS/RS：Tier to Tier Shuttle Based Storage/Retrieval System，跨层作业的穿梭机器人仓储系统

T-SBS/RS：Shuttle Based Storage/Retrieval System With Transfer，带转载的穿梭机器人仓储系统

CASBS/RS：Corss-Aisles Shuttle Based Storage/Retrieval System，跨巷道的穿梭机器人仓储系统

SKU：Stock Keep Unit，品项

POSC：Point-of-Service-Completion，穿梭机器人和提升机完成任务之后，停靠在上个任务完成时的位置

FCFS：First-Come First-Served，先到先服务原则

PSO：Particle Swarm Optimization，粒子群算法

IPSO：Improved Particle Swarm Optimization，改进粒子群算法

CQN：Closed Queuing Network，闭环排队网络

SOQN：Semi Open Queuing Network，半开环排队网络

相关案例

一、电商行业

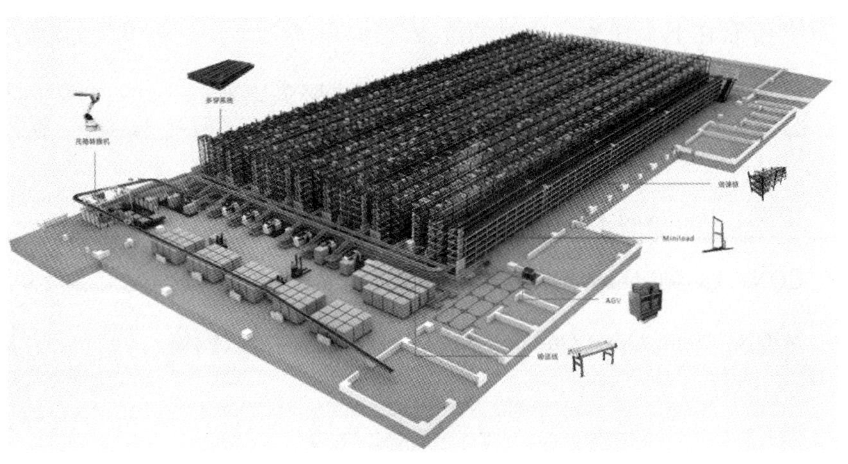

附图 1　电商行业解决方案

资料来源：兰剑智能科技有限公司网站。

兰剑智能科技股份有限公司（以下简称“兰剑智能”）成立于 1993 年，是集咨询规划、软件开发、设备制造、系统集成、自动化代运营于一体的全流程智慧物流系统解决方案提供商，并于 2020 年登陆上交所科创板，成功上市。公司拥有由多名专业博士带领的研发团队，自建高科技物流装备与技术产业园区，取得近300项自主知识产权，是目前少数能做到将成套高端物流装备出口海外发达国家的中国品牌。

秉持“唯有创新”的核心发展理念，兰剑智能始终致力于仓储物流技术的创新研发，产品覆盖仓储物流自动化系统核心设备与软件。现已自主研发了仓储机器人、穿梭机器人、搬运机器人等性能优良的物流装备，并累计形成了基于仿真的轻量化设计技术等40余项核心技术。近年来，兰剑智能先后承担了多项国家和省市级研发项目，受到众多知名企业的广泛认可，成功树立唯品会、一汽大众、中国医药、中国烟草等标杆型案例，并被中华人民共和国工业和信息化部评定为“新一代人工智能产业创新重点任务揭榜优胜单位”。

兰剑智能针对电商行业大规模、高效率、高准确性的拆零拣选需求，提出了3D蜂巢货到人储分一体的解决方案，并且实现了在唯品会、考拉海购以及跨境电商希音等电商头部企业的广泛和多次应用。

3D货到人储分一体解决方案：

※ 采用货到人拣选技术，声光提示，人效提升300%；

※ 采用3D密集存储技术，坪效提升200%；

※ 智能存储及分拣，全过程自动补给及搬运，配合电子标签等准确率提高240%；

※ 采用数字孪生技术，实现3D-SCADA在线监控、主动性运维、预防性维护等核心功能，提高系统稳定性及可用度；

※ 采用3D视觉实现料箱位移监测，当周转箱发生位移时，可智能

调整周转箱位置，提高系统稳定性；

※ 采用可变尺寸技术，通过调整货叉距离实现一定尺寸范围内的货物取放，并可以实现多深位，提高系统柔性，应对多尺寸原箱及原箱变形。

3D 智能集货缓存系统：

※ 创新性的采用双工位穿梭车、双工位提升机等组成双工位系统，通过孔明系统算法逻辑，实现较高的吞吐能力，效率提升 180%~200%；

※ 采用箱级别库位管理，相较于其他自动化模式，可提高库容利用率；

※ 采用 3D 密集存储技术，节省面积；

※ 全流程自动完成，实现集货环节“无人仓”，可 7×24 小时工作；

※ 可轻松应对大型电商平台的多分区、超多批次合单场景，且经济性较优。

二、3C 电子行业

驱动 3C 电子行业产线物流及仓储物流中心的物流标准化与模块化，物流软件的个性化与智能化；物流系统的高柔性自动化；智能制造与智能物流的高度融合；协作机器人与人机协同系统；物流全流程数字化与网络化；数字孪生与虚实融合技术的应用；人工智能技术、区块链技术在物流与供应链上的应用等智慧物流新技术与发展趋势，赋能 3C 电子企业降本增效。

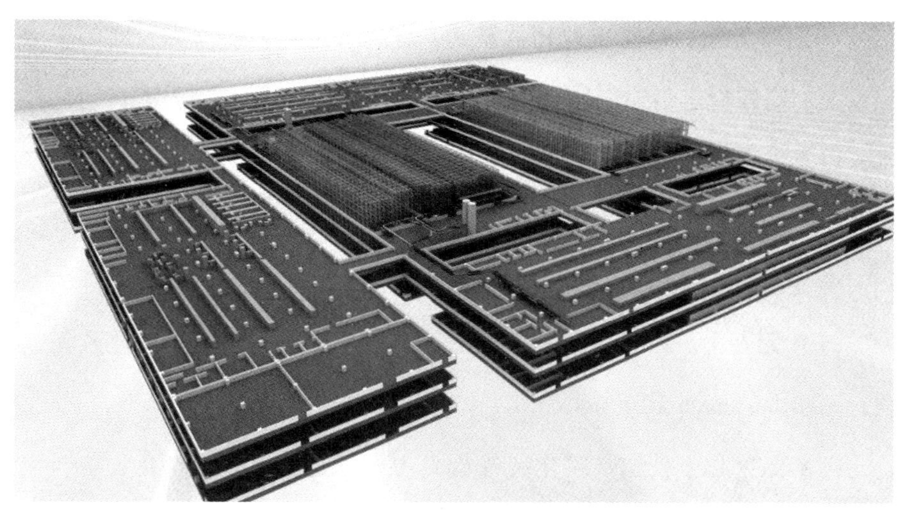

附图 2　3C 电子行业解决方案

资料来源：兰剑智能科技有限公司网站。

精益模式解决方案：

※ 物流本质：从众多品种的海量库存中，快速地分拣出客户所需要的组合套料。

※ 解决方案：多穿储分一体系统。

※ 优势：满足客户多频次、小批量、多品种、快响应的需求发挥立库的存储能力，最大化使用自有场地，整合当前多点到单点运作，减少外租场地。立库与生产拉通和协同，实现原材料和成品自动化无缝对接。

全园区物流系统解决方案：

※ 物流本质：全生产园区的智慧物流系统。

※ 解决方案：基于物流精益模式，合理使用托盘级立库、料箱级多穿系统、高效稳定传输线体、智能AGV、高柔性货到人拣选等自动化技术，以及大数据和算法，通过自动采集和物流信息自动交互，兼顾成本和效率。

※ 优势：

(1) 无人化。在收、存、拣、配、理、发全流程实现少人化及无人化，逐步low touch甚至not ouch。

(2) 数字化。使用数字化装备及IT技术服务，实现自动化设备与作业任务的高效链接和状态感知。将物理世界与数字世界深度融合，并建立仿真模型，对现场设备、人员、环境、物料及作业进行可视化、智能化的管理，支撑业务高效运转。

(3) 柔性设计。仓库设计考虑扩展性及柔性，简化作业流程，实现立体存储及收发货能力可依据物料及产线需求调整。

三、医药行业

医药行业特点：

(1) 市场规模高增长。受医药政策、人口老龄化、医药订单呈碎片化等影响，物流自动化、无人化需求高速增长态势。

(2) 精细、合规化管理。需要保证药品的生产、物流信息全程可追溯和管控，避免发生质量风险和造成的伤害、损失。

(3) 区域业务整合趋势加强。基于时效、安全以及降本增效的压力，行业龙头企业有扩大规模战略发展规划，医药市场有整合和集中趋势。

（4）重构物流需求迫切。基于医药市场的高增长、严监管、高要求等，医药行业有规模的企业，在物流智慧化升级方面有迫切需求。

附图 3　医药行业解决方案

资料来源：兰剑智能科技有限公司网站。

兰剑智能拥有强大的自主研发能力、完整的设备产业链、丰富的项目集成经验，在医药行业深耕多年，为医药生产、流通、终端用户提供定制化的解决方案，为用户打造智慧的覆盖全流程的医药物流系统，大幅提升了存储、分拣与配送等环节的自动化、智能化程度，助力医药企业实现降本增效目标，提高其市场核心竞争力，帮助医药行业现代化升级。先后成功打造国药山西、南京医药、天津天药等集作业自动化、管理信息智能化、流程标准化为一体的现代化医药物流中心标杆案例。

拆零及件箱级别解决方案：

※ 采用货到人拣选技术，人效、准确率大幅提升；

※ 采用数字孪生技术，实现在线监控、主动性运维、预防性维护，

提高系统稳定性；

※ 采用 3D 视觉技术，实现取货单元的自动纠偏，降低报警率；

※ 货叉采用可变尺寸技术，实现不同规格的原箱存取作业。

托盘级别解决方案：

※ 满足国标、欧标等；

※ 高密度存储、高速存取、高精度处理；

※ 自动柔性搬运，AGV 智能对接，最高可实现 11.4 米高位货位；

※ 智能视觉算法，解决盲存盲取、盘点等问题；

※ 采用数字孪生技术，实现在线监控、主动性运维、预防性维护，提高系统稳定性；

※ 利用无人装卸技术，实现整车、件箱的快速装卸。

四、新能源行业

附图 4　新能源行业解决方案

资料来源：兰剑智能科技有限公司网站。

作为高端物流机器人行业领先者，兰剑智能具备自研自产的能力，拥有完整的产业链和丰富成熟的落地经验。不仅能够满足新能源行业客户对产品多种类、安全性、稳定性、实用性等的高要求；更能够做到基于不同客户的不同特性，为其定制高适配度的物流机器人装备，提供一站式交钥匙解决方案。

原材料立体库解决方案：

※ 单立柱托盘堆垛机/双伸堆垛机实现高密度存储；

※ 高速堆垛机提高周转效率；

※ 自动消防感知系统，实现安全保障；

※ 采用数字孪生技术，实现在线监控、主动性运维、预防性维护，提高系统稳定性；

※ 满足国际、国内安全防护标准。

极片搬运环节解决方案：

※ AGV 高精度对接；

※ AGV 智能搬运，实现阴阳极产线对接；

※ 智能视觉算法实现精准调度；

※ 激光复合导航，降低场地要求；

※ 采用数字孪生技术，实现在线监控、主动性运维、预防性维护，提高系统稳定性。

五、冷链行业

冷链行业特点：

（1）人工成本和职业危害高。低温条件下人员作业环境恶劣，招工难，用工成本高；人员长期处于低温作业环境下，职业危害大。

（2）定制化要求高。初级农产品、加工食品和医药等特殊商品的特殊性决定了仓库没有标准化的解决方案，几乎全为定制化。

（3）卫生、安全性要求高。冷链中的特殊货物，对安全性、卫生性要求较高，有标准化的作业流程及法律法规，物流建设难度更大。

（4）作业环境复杂度高。低温、高能耗、高湿、结霜、结雾、洁净，对设备的性能要求更高，建设的整体标准也更严苛。

附图 5　冷链行业解决方案

资料来源：兰剑智能科技有限公司网站。

冷链行业物流系统的特殊性，使其规划与实施的难度更大，这就要求项目实施单位不能只用自身通用的方案来解决各行业的不同需求，而必须进行个性化的规划设计，甚至进行设备的创新研发，用针对性的方案和设备解决客户的真实痛点。兰剑智能用创新的方案和技术满足市场需求，在冷链行业的布局已深入肉类、果蔬、药品等各领域。

冷库料箱级解决方案：

※ 采用货到人拣选技术，人效大幅提升；

※ 作业环境分离，人员在常温下作业，减少职业危害；

※ 采用数字孪生技术，实现在线监控、主动性运维、预防性维护，提高系统稳定性；

※ 采用 3D 视觉技术，实现位置的自动纠偏，降低报警率；

※ 采用可变尺寸技术，实现原箱存取。

冷库托盘级解决方案：

※ 满足国标、欧标、国军标；

※ 高密度存储、高速存取、高精度处理；

※ AGV 智能搬运，最高可实现 11.4 米高位货位；

※ 智能视觉算法，解决盲存盲取、盘点等问题；

※ 采用数字孪生技术，实现在线监控、主动性运维、预防性维护，提高系统稳定性；

※ 设备选型均满足低温、高湿要求。

六、装上眼睛的新一代AI仓储机器人

兰剑智能自主研发智能化程度更高，能够适应更多样、更严苛应用场景的全系列仓储机器人产品。根据实际应用需求及投资预算的不同，可以选择单深度/双深度、单工位/多工位、直轨/转轨等不同类型的设备。

附图6　箱式堆垛机（MiniLoad）

资料来源：兰剑智能科技有限公司网站。

箱式堆垛机（MiniLoad）以“密集式仓储”和“储分一体”为核心理念，实现高层货架的高密度高效率货物存取及分拣。

※ 额定载重：300千克；

※ 水平速度：360米/分钟；

※ 采用Ω全伺服驱动、夹抱式或板叉式货叉结构，可根据货物的不同形状、不同重量实时调整货叉夹持方式和力度，混合存取料箱和纸箱；

※ 可选配再生制动，将减速刹车的能量反馈给电网，实现节能；

※ 采用高性能传动带，行走轮采用包胶轮，在实现高速的同时，大大降低设备运行噪声，使噪声保持在75分贝以下。

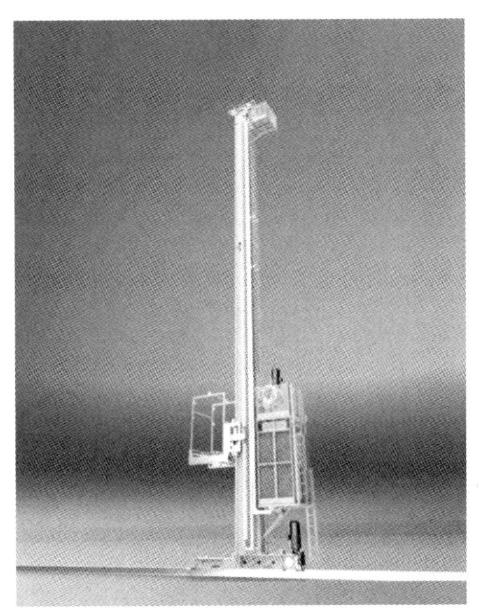

附图7 托盘式超高堆垛机

资料来源：兰剑智能科技有限公司网站。

托盘式超高堆垛机是主体度超24米的高密度存储和自动出入库作业机器人。

※ 高度：最大为45米；

※ 多种控制系统可选：西门子、AB、三菱；

※ 产品类型：单伸、双伸；单货位、双货位，直轨、转轨；单立

柱、双立柱；

※ 配置视觉识别装置，不仅可以实现自动盘库和不均匀沉降的检测，还可以发现托盘是否平移、托盘插孔是否变形，进行主动报警。

附图 8　托盘式高速堆垛机

资料来源：兰剑智能科技有限公司网站。

托盘式高速堆垛机是业内同类产品的前沿代表，基于多阶 S 曲线的速度控制技术，又快又稳。

※ 行驶速度：最高 240 米/分钟；

※ 加速度：0.8 米/二次方秒；

※ 多种控制系统可选：西门子、AB、三菱；

※ 产品类型：单伸、双伸；单货位、双货位；直轨、转轨，单立柱、双立柱配置视觉识别装置，不仅可以实现自动盘库和不均匀沉降的

检测，还可发现托盘是否平移、托盘插孔是否变形，进行主动报警。

七、穿梭机器人

兰剑智能是国内较早一批研发穿梭机器人的物流装备企业，产品规格体系全面，有低温、防水、涉密等多种应用场景，可以应对多种尺寸、多种温度、高效率要求、换层缓存等应用方案；自主研发的料箱位移检测技术，能够对前后、左右、旋转的料箱意外偏移进行自我检测，自动纠正，接近实现系统中料箱的零偏移、零故障。

附图9　箱式穿梭车

资料来源：兰剑智能科技有限公司网站。

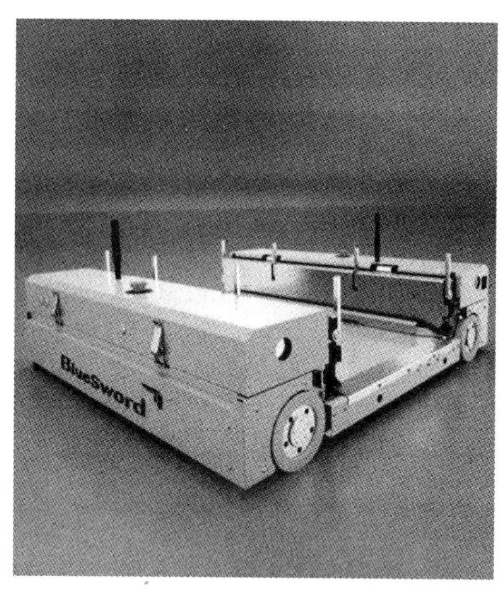

附图 10　四向穿梭车

资料来源：兰剑智能科技有限公司网站。

附图 11　托盘穿梭车

资料来源：兰剑智能科技有限公司网站。

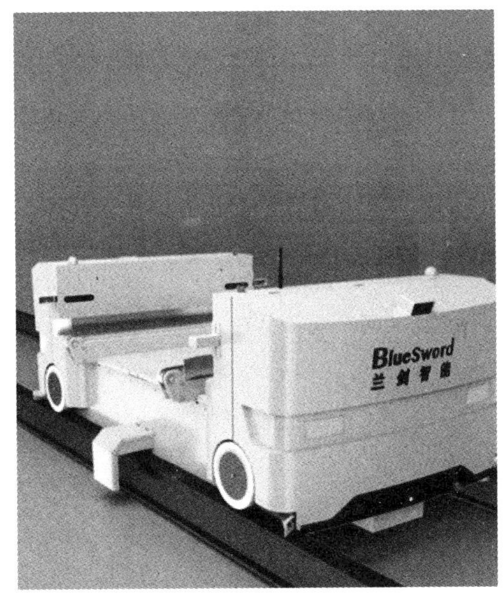

附图 12　直行 RGV

资料来源：兰剑智能科技有限公司网站。

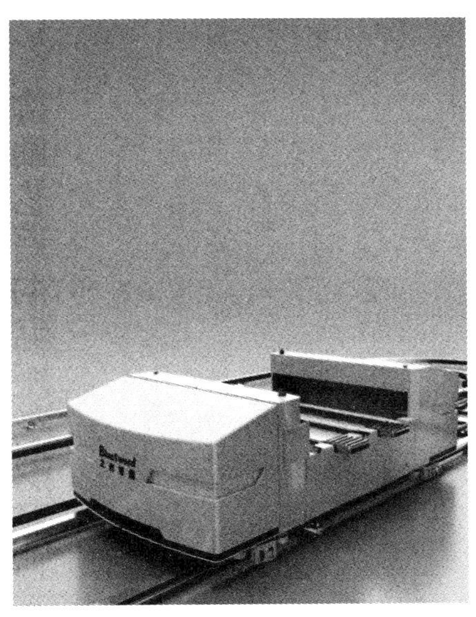

附图 13　环形 RGV

资料来源：兰剑智能科技有限公司网站。

八、空中穿梭机器人

空中穿梭机器人由智能调度系统、轨道系统、检修平台系统、供电系统、通信系统、轨道小车、电控系统等组成。单轨吊装方式与模块化的设计理念，实现了小车在空中的自由穿梭，提高了厂房的空间利用率；可以实现产线与仓储的连接，省去中间输送、移载、提升环节，提高系统效率；智能调度系统可通过先进算法实现多车任务分配优化、行走线路优化，大幅提升轨道小车的有效工作时间，提高系统整体物料搬运效率；可根据不同行业需求，采用不同货物载具，包括抓手载具、篮式载具、货叉式载具等。

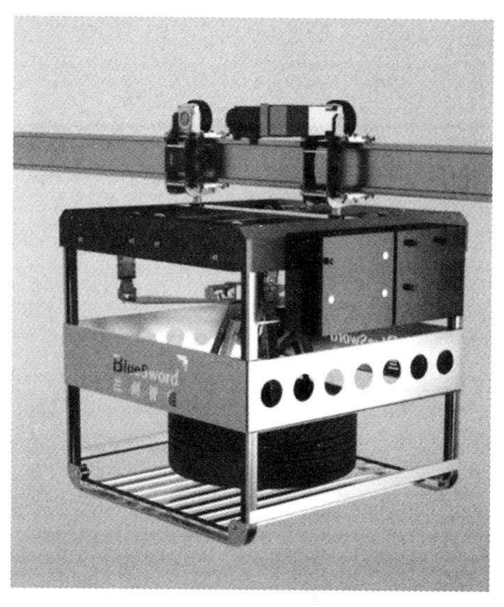

附图 14　空中穿梭机器人

资料来源：兰剑智能科技有限公司网站。

九、搬运机器人

兰剑智能研发的搬运机器人产品采用激光 SLAM 导航为主的复合导航方式以实现复杂路径的运行，适用于工厂车间、普通平面仓库、货架仓库的工作环境。特定环境下定位精度可以达到±5 毫米；基于贝塞尔曲线的 AGV 车体控制算法，可以在保证车体稳定性的同时，提高运行速度，直线速度最高可达 2 米/秒，弧线速度可达 1 米/秒，至少达到 0.73×人

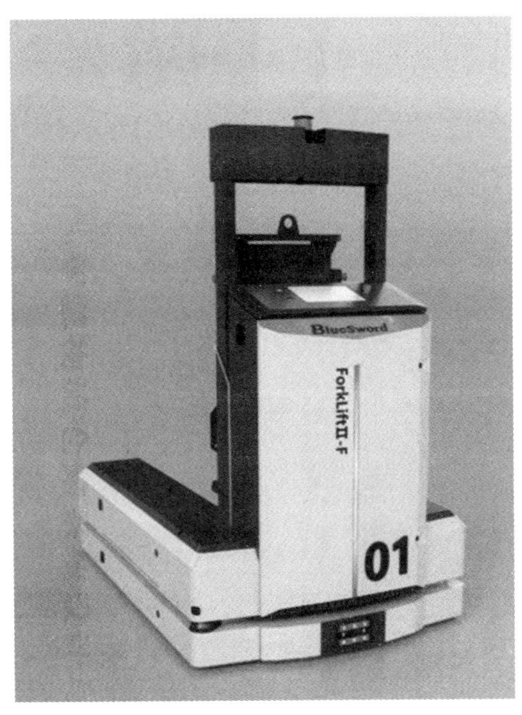

附图 15 全向前移 AGV

资料来源：兰剑智能科技有限公司网站。

附图 16　高位前移 AGV

资料来源：兰剑智能科技有限公司网站。

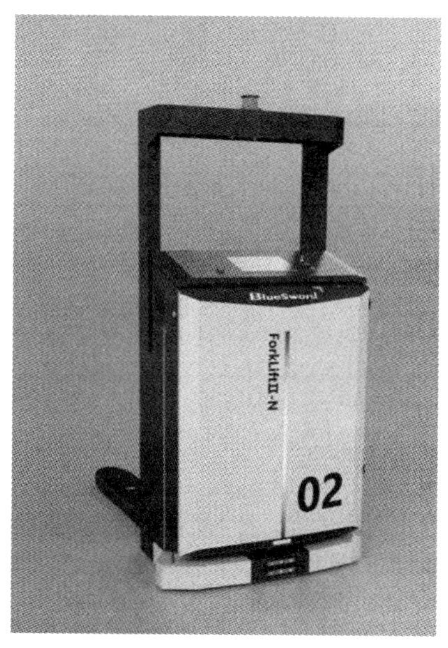

附图 17　电动堆高 AGV

资料来源：兰剑智能科技有限公司网站。

附图 18　托盘搬运 AGV

资料来源：兰剑智能科技有限公司网站。

工效率（熟练工）；稳定可靠的系统，保证 7×24 小时不间断稳定运行。工作温度范围可达-20℃～60℃；基于 360°安全激光避障覆盖，结合 3D 视觉空间避障技术、声光报警、安全触边及急停开关结合的多传感器安全保护机制，确保运行的高效可靠；AGV 监控与仿真一体化技术，相比独立的仿真软件，仿真结果更加准确。确保 AGV 数量、系统效率能够满足客户需求，并且不产生冗余浪费。

十、数字孪生

兰剑智能数字孪生系统（BlueSword Digital Twins）是一款集动态建模、虚拟仿真、离线调试、3D 监控、智能优化于一体的全流程物流平台。在项目规划阶段可通过软件平台迅速搭建物流场景，快速输出直观的系统整体效果图及三维演示动画。通过仿真系统建模、运行和分析，预先发现问题，对设计方案进行评价和分析，寻找系统瓶颈点，从而保证系统的科学性和可靠性。并且，基于 OpenGL 和 Petri 网模型的三维仿真技术自主研发的系统仿真平台，建立了丰富的仓储物流自动化设备模板库以及 WMS/WCS 中使用的算法库。与多种类型数据库进行对接，导入订单、库存等数据，在此基础上结合已建立的仿真模型，能够实现实时动态的在线仿真。

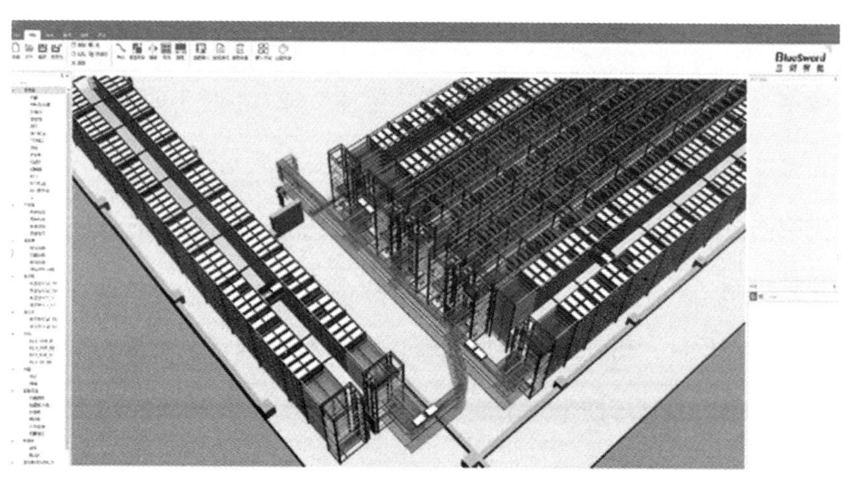

附图 19　智能仿真分析

资料来源：兰剑智能科技有限公司网站。

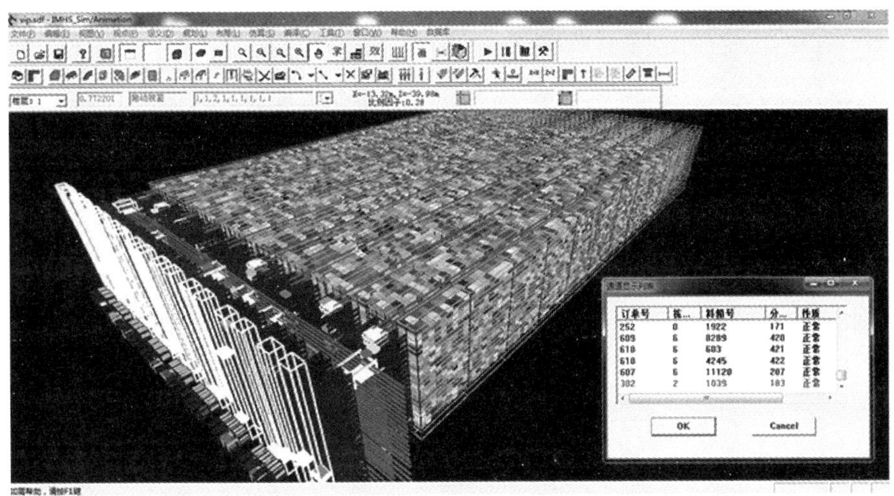

附图 20　物流数据分析

资料来源：兰剑智能科技有限公司网站。